ÉLOGE

PHILOSOPHIQUE

DE

L'IMPERTINENCE.

ÉLOGE
PHILOSOPHIQUE
DE
L'IMPERTINENCE.
OUVRAGE POSTHUME
DE M. DE LA BRACTÉOLE.

« Les idées hardies des philosophes... *ont appris à penser.*
» Nous appelons exclusivement notre siècle un *siècle de*
» *lumières.* Les ouvrages philosophiques... *sont les*
» *délices... sont l'instruction* de tous les peuples de l'Europe.
» Dans un Poëme, dans une Epître, dans une Tragédie,
» dans un Eloge, dans un Voyage, dans un Billet, il
» faut *de la philosophie,* il faut *éclairer le genre humain.* »

De la religion considérée comme l'unique base du bonheur
& de la véritable philosophie.

Par madame la marquise DE SILLERY, ci-devant
madame la comtesse de GENLIS.

A ABDÈRE;

Et se trouve à PARIS,

Chez MARADAN, Libraire, rue des Noyers, n° 33.

1788.

AVERTISSEMENT DU LIBRAIRE.

LA copie unique de cet ouvrage, sur laquelle on en a fait l'impression, ayant été confiée à un étranger qui n'aime que le françois des Boileau, Racine, Fénélon, Buffon, &c. il a, trop indiscrètement peut-être, souligné les expressions qui lui ont paru hasardées, incorrectes, néologiques, & même quelques phrases ou pensées tout entières dont il n'aura pas soupçonné la valeur actuelle. En réfléchissant à la liberté des goûts & à l'extrême diversité des esprits, on conçoit aisément qu'il doit encore se trouver un certain nombre d'originaux de cette espèce.

Dans l'intention de complaire autant que possible à toutes les classes de lecteurs, j'ai voulu qu'on imprimât les expressions &

Avertissement du Libraire.

les phrases soulignées en caractère italique. Ce que l'un blâmera, l'autre l'approuvera, du moins chacun le remarquera ; & je leur aurai procuré cet objet d'observation sans rien changer au manuscrit. Quiconque lit & médite nos ouvrages modernes, n'a pas besoin qu'on lui prouve l'utilité du mélange des caractères : cette ingénieuse bigarrure est aujourd'hui la partie de l'art précieux de la critique, la plus nécessaire, la plus difficile, la plus lumineuse, celle qui instruit le mieux en donnant le plus à penser.

PRÉFACE
HISTORIQUE
DES ÉDITEURS.

M. De la Bractéole, ce *penseur*, ce *génie*, dont il est fait une assez honorable mention dans une brochure intitulée : *Le Comte de Saint-Méran, ou les nouveaux égaremens du cœur & de l'esprit*, quoiqu'il y soit un peu tourné en ridicule (petit malheur auquel sont exposés la plupart de nos grands-hommes) ; cet illustre *philosophe* a terminé sa glorieuse carrière à minuit entre le mardi-gras & le jour des cendres de la présente année 1788. Sa mort prématurée a été la fatale suite d'un excès de modestie. Jamais il ne fut plus utile de publier un si tragique événement. Puisse le récit de cette scène horrible empêcher que la modestie ne s'immole d'autres victimes dans le nombre étonnant de littérateurs, de penseurs, de génies, de philosophes, qui montrent presque tous, comme on sait, les dispositions les plus marquées pour des excès si dangereux.

Une connoissance approfondie du néant des richesses, du vuide qu'elles laissent dans les cœurs, & du vuide qu'il trouvoit dans sa bourse ; le coup-d'œil du génie porté sur les relations nécessaires entre la circulation du numéraire & la circulation d'un philosophe, l'avoient tenu éloigné des plaisirs bruyans du carnaval; & au lieu d'aller au bal de l'opéra, il s'étoit mis à relire un ouvrage qui avoit toujours fait sur lui de fortes impressions ; c'est la relation de l'apothéose de l'incomparable docteur *Aristrarchus Masso*, servant de suite au *Chef-d'œuvre d'un inconnu* de Saint-Hyacinte. Le lecteur instruit se rappèlera sans doute avec intérêt l'opération si simple, si belle, qui fit passer tout l'esprit de *l'Histoire critique de la république des lettres*, dans le cerveau de l'*alter & idem* du fameux docteur, de son fantôme composé des *espèces* & des émanations de sa personne réfléchies en un centre commun de convergence par plusieurs miroirs arrangés suivant des règles aussi connues qu'elles sont évidentes.

Après que M. de la Bractéole eut examiné ce phénomène où l'art aide si merveilleusement la nature; après qu'il s'en fut occupé pendant quelques heures au point d'en parler tout haut, ce qu'ont attesté deux jeunes peintres qui se masquoient dans un cabinet attenant à sa chambre; il lui a pris envie de tenter une pareille expérience sur lui-même, pour simplifier encore plus que nos professeurs modernes, les moyens par lesquels on devient savant & homme de génie. Son extrême humilité lui dérobant

Préface historique

sa science immense, lui persuadoit qu'il ignoroit trop de choses, qu'il ne jugeoit pas assez bien de beaucoup d'autres, & c'est cette funeste erreur qui l'a enlevé au monde.

Il rouloit depuis long-temps le projet de cette opération dans les cavités de son cerveau; il s'en étoit même ouvert à ses intimes amis; & nous conviendrons que les raisonnemens qu'il faisoit à cet égard annonçoient la tête la mieux organisée. Si le simulacre du docteur *Aristarchus Masso* huma tant de savoir par ce tuyau qui fut scellé presque hermétiquement au bout de son nez; le nez réel, effectif, substantiel, corporel, cartilagineux & très-philoso-phique de M. *de la Bractéole*, par le moyen des puissantes aspirations de poumons ro-bustes où résidoit la plus grande énergie de sa logique; ce nez si bien servi, devoit aspirer pour le moins autant d'esprit que *des Editeurs.* xj

le nez de l'*alter & idem* d'un docteur en *us*, sur-tout quand on auroit sagement choisi les ouvrages modernes destinés à cette nouvelle distillation chymico - métaphysique.

Si quelque lecteur superficiel ou obstiné mettoit en question la possibilité d'une semblable expérience, voici la réponse que leur feroit pour nous le docteur *Chrysostôme Mathanasius :* « Il est vrai, dit-il avec
» sa pénétration ordinaire, que la manière
» d'infuser l'esprit dans le corps, par un
» tuyau ajusté au cou d'une cornue, paroî-
» tra difficile à croire. Mais si la matière
» peut penser, ainsi qu'on prétend que
» quelques philosophes l'ont cru, & même
» M. Locke, il est certain que les chy-
» mistes peuvent trouver dans la décom-
» position des corps un nouveau principe,
» qui sera l'*esprit pensant*, & que, s'ils ne
» l'ont pas fait jusques à présent, c'est

» qu'apparemment ils n'y ont point pensé, » ou qu'ils n'ont point encore inventé de » récipient propre à le conserver. » Plus on a de lumières philosophiques, & plus on doit sentir la force irrésistible de cet argument. Ajoutons seulement que M. *de la Bractéole* avoit perfectionné les procédés, & qu'une dame très-savante lui prêtoit souvent sa cornue.

Mais ce en quoi son zèle l'abusa, au moment de l'exécution, c'est qu'il crut pouvoir être à la fois & le sujet & l'opérateur. Il ne se l'imagina point par vanité; ceux qui l'ont connu lui rendront cette justice. Il ne fit que céder au desir de se suffire, & à la crainte tout-à-fait honnête de compromettre, devant un témoin, la gloire si délicate des auteurs vivans dont les ouvrages pouvoient ne donner que du *caput mortuum*. La malheureuse idée d'opérer sans nécessité, & d'opérer seul, a tout dérangé, tout détruit au grand dommage de la philosophie.

Les deux jeunes peintres étant sortis vers les onze heures, en *pouffant* de rire, & ayant mieux aimé aller danser qu'écouter encore à travers la cloison; nous sommes réduits ici à des conjectures, à des présomptions; mais elles sont si vraisemblables, qu'on peut en tirer une exposition fidèle des particularités de la mort du philosophe; on les fait comme si l'on y avoit assisté.

Il s'est enfermé dans son appartement peu vaste & situé en bel air. Après avoir réuni les œuvres complètes & les opuscules de nos plus fameux *penseurs*, en beau papier vélin, ornés de leur portrait; les ayant légèrement macérés & mis dans la grande cornue qu'il avoit empruntée, la veille, du laboratoire chymique & alchymique de madame la comtesse de Monpal sa protectrice, il a solidement ajusté au cou de cette cornue de savante, un long tuyau tortueux, & l'a scellé à son nez par l'autre bout. Un feu violent de réverbère a tout-à-coup porté une si copieuse abondance d'esprits hétérogènes dans la tête du cher homme, qu'il en aura eu des vertiges, (on en a pour moins que cela). L'équilibre ne subsistant plus entre l'esprit & la matière, le corps sera tombé suffoqué de génie, quoiqu'il en évaporât probablement de par-tout.

Sa chûte a renversé la machine où l'on n'a trouvé que des cendres & du flegme; le feu a gagné les papiers, & en un instant il a consumé les meubles, une partie du plancher d'en haut & la totalité du philolosophe, avant que le propriétaire accouru n'ait éteint l'incendie, qui, de poutre en poutre, & en descendant, étoit déjà parvenu au cinquième étage.

On a sauvé la maison; mais, hélas! rien au monde, des siècles accumulés ne pourront réparer la perte des manuscrits impayables qui formoient l'opulence cachée de ce génie créateur, universel, & trop humble pour être content de lui-même, lorsque toute la terre auroit pu l'admirer. Bornons là ses louanges, de peur de nous rendre suspects d'hyperbole.

Nous n'avons soustrait à la rapacité des flammes dévorantes, alimentées de tant d'ouvrages pleins d'esprit, qui n'avoient pu entrer dans la cornue, que cet *Eloge philosophique de l'Impertinence*. Ce manuscrit étoit, très-heureusement, placé entre deux volumes de *Dissertations économico-politiques* & de *Discours couronnés*, qui sont restés comme deux pièces de glace au milieu de la conflagration générale, & qui l'ont ainsi préservé de la destruction à laquelle cette funeste expérience a voué tant de chefs-d'œuvre.

Pour le corps du *penseur*...ah! les ames

sensibles ou *sentimentales* nous dispenseront d'entreprendre une description si affreuse, que les premiers mots nous feroient tomber la plume de la main ! quel spectacle ! Nos dramaturges le leur offriront peut-être un jour en action sur le théâtre : nous nous en remettons à leur imagination, à leur talent pour saisir & peindre la nature. Nous dirons simplement que le grand-homme étoit méconnoissable. Son hôte, digne par la longueur de ses crédits, de posséder sous son toit un génie de cette sublimité, n'a pu que répéter, en contemplant ces restes déplorables, le peu de mots qu'un certain ânier dit si pathétiquement en donnant *une larme* philosophique à la mort de son âne : « ce que c'est que de nous ! »

L'ouvrage que nous publions ici n'ayant pas été retouché par l'Auteur, attendu qu'il est mort, & l'Auteur ayant eu le dessein e refaire *à neuf* cette production en corrigeant

rigeant les épreuves, ainsi qu'il s'en étoit expliqué ; les lecteurs n'auront point cet ELOGE tel qu'il le leur auroit présenté sans l'accident qui a rendu ses particules aux élémens & son génie à la *nature*. Du moins peuvent-ils être bien persuadés que nous leur en offrons le texte littéral, tel qu'il l'avoit conçu & écrit, sans nous permettre d'y faire aucun changement. Nous ne nous sommes pas même permis la plus légère correction grammaticale, quoique, au fond, on sçache bien qu'il n'y a rien de si innocent en littérature.

Par exemple, les mots *roué, très-excellente compagnie*, &c. pourroient être relevés par quelque sçavant, & ses remarques à ce sujet, vraisemblablement aussi importantes que judicieuses, ajouteroient aux obligations que le public eut de tout temps à cette classe d'hommes rares. Les motifs qui nous ont empêchés d'altérer le manuscrit, sont le respect dû aux morts & à la propriété, le sentiment de notre incapacité, & certaine crainte de paroître avantageux & de passer pour n'avoir pas assez senti que telle ou telle expression pouvoit aussi convenir à *l'Éloge de l'Impertinence*, & caractériser le sérieux de feu M. *de la Bractéole*, à supposer qu'il eût voulu y mettre un peu d'ironie. Le défunt demeure donc seul responsable du style de son ouvrage, ainsi que de toutes les assertions qu'il y avance ; comme à lui seul appartient exclusivement & sans partage la gloire qu'il s'en promettoit en toute humilité.

INTRODUCTION.

Que l'eſtime & l'éloge ſont bornés parmi nous! s'écrie *philoſophiquement*, dit le Mercure, le judicieux panégyriſte de Fontenelle. On a tout lieu d'eſpérer que les Saumaiſes futurs, dociles élèves des diſciples de nos grands-hommes, vanteront, ſur la foi de leurs maîtres, *la naïveté, la ſimplicité, le naturel* des églogues de l'ingénieux auteur de la pluralité des mondes; mais en voyant tant & de ſi longs éloges publiés & couronnés *parmi nous*, ces pauvres commentateurs ne feront-ils pas embarraſſés s'ils veulent expliquer l'idée du panégyriſte? ou ils feront comme d'autres, ils l'admireront ſans l'entendre; ou ils auront le bon eſprit de dire : « ce dont on ne ſauroit jamais avoir aſſez, eſt toujours *borné* quoique l'abondance en paroiſſe exceſſive. »

Malgré la déſolante impoſſibilité où nous ſommes d'*eſtimer* & de *louer* autant que nous le devrions, il faut pourtant convenir que nous ne laiſſons pas de nous y exercer paſſablement, que nous ne nous y épargnons guère depuis quelques années; & l'on auroit tort, ce semble, de nier que les ELOGES oratoires & philosophiques ne soient aujourd'hui le triomphe de la haute littérature. Notre siècle resplendissant de lumière éclairera les âges à venir; nos génies dictent à la postérité les jugemens qu'elle devra porter des talens que nous célébrons; & il est hors de doute que nous méritons & obtiendrons d'immortels éloges, nous qui en faisons infatigablement de toutes sortes, & qui regrettons encore si ingénument de ne pouvoir en faire davantage.

Sans prétendre ou méconnoître, ou diminuer la gloire qu'ont les académies dont l'Europe s'honore, de proposer d'excellens sujets aux éloges des orateurs & des philosophes spéculateurs qui savent apprécier une médaille, nous croyons pouvoir assurer qu'il n'est aucun de ces magnifiques sujets qui mérite autant de fixer l'attention des académies, de l'*univers* & de la belle protectrice d'un philosophe, aucun qui soit digne d'une palme plus glorieuse, c'est-à-dire d'une médaille plus lourde & d'un plus long article dans tel journal, que celui que nous entreprenons ici d'exposer *au grand jour philosophique*. Puisqu'il n'y a encore ni programme lu au bas bout d'un tapis vert, ni invitation imprimée, ni fomme d'argent promife, ni époque fixée pour la livraifon d'un prix ou pour le renvoi de ce prix à telle année indiquée, ni efpoir probable de l'un de ces fauteuils, de ces trônes où de puiffans génies fe repofent & règnent; l'Eloge annoncé s'attirera d'autant plus la confiance des lecteurs, qu'il eft gratuit, & que fon véridique auteur pourroit, au befoin, jurer en confcience qu'il n'a cédé qu'à l'impulfion de la vérité & au defir défintéreffé de lui rendre un pur hommage.

Ce motif feul relève tellement l'objet qu'on fe propofe de louer, que les gens même qui font naturellement portés à ne concevoir d'abord que des préventions défavorables, avoueront que cette circonftance affez rare le place fort au-deffus de ces grands de la terre dont on vante les vertus pour mieux mettre à profit leurs vices, dont on exalte la fublimité en riant de leurs petiteffes; au-deffus de l'opulent ignare & brutal à qui des parafites prouvent, en dînant chez lui, fa profonde fageffe, fon érudition & fon urbanité; au-deffus de ces héros qu'on érige en dieux parce qu'ils ont ordonné des meurtres; au-deffus de ces beaux-efprits de qui l'on prône les ouvrages dans l'espérance d'y être nommé.

Après ce qu'on vient de lire, il seroit presque superflu d'articuler que c'est l'Eloge de l'Impertinence que nous allons composer, s'il n'étoit contre l'usage d'omettre le titre d'un livre & de s'en rapporter à la perspicacité du lecteur bénévole, clair-voyant, mais paresseux & distrait. L'impertinence se trouve si naturellement, on l'apperçoit si facilement & de si loin au faîte de la gloire, qu'on n'a aucun besoin de la montrer aux *personnes d'un vrai mérite*, aux *gens comme il faut*, à nos *génies*; elle frappe leurs yeux; elle s'attire toute leur admiration; & le fou qui leur diroit: la voilà, c'est elle, ressembleroit à celui qui allumoit une bougie pour que son voisin vît plus distinctement le soleil en plein midi.

Comme le peuple, le vulgaire, ces *espèces* pour lesquelles il n'est pas *indécent* de voir le soleil & dont il règle encore les travaux mécaniques, peuvent connoître de vue cet astre des *vilains*, & entendre avec utilité & agrément discourir sur sa place au centre du tourbillon, sur sa primauté parmi les étoiles, sur la régularité de son cours, sur la rapidité & sur la réfrangibilité de ses rayons, sur les effets étonnans ou salutaires de sa chaleur, sur les couleurs de l'iris, sur le prisme, sur les principes de Newton si victorieusement réfutés par nos modernes, &c.; de même la *très-bonne compagnie*, quelque familière qu'elle soit avec le sujet de cet éloge, ne dédaignera pas, nous nous le persuadons du moins par analogie, se fera peut-être un plaisir, un passe-temps de voir ce sujet de plus d'un côté; d'en observer sans effort les divers mérites rapprochés, comparés, placés dans un point de vue convenable, les principales qualités développées, l'utilité & l'importance aussi sensibles que manifestes.

Toujours de bonne-foi, incapables d'user de surprise, nous n'avons garde de déguiser que cet Eloge sera un *ouvrage philosophique*. Pourquoi chercherions-nous à cacher que nous ne sommes pas organisés pour en produire d'autres? quelques envieux prétendent que la philosophie commence à devenir un peu ridicule: cette calomnie ne fût-elle qu'une médisance, c'est au moment du danger que les cœurs généreux sentent redoubler leur courage. Une académie de province vient de proposer, pour sujet d'un prix d'éloquence, la question : *l'esprit philosophique est-il utile ou nuisible aux lettres ?* Eh ! peut-on former un pareil doute ! comment ose-t-on le témoigner ? l'auteur de *Didon* & de *Poésies sacrées* si bien recommandées par la philosophie qui n'en raffole pas, M. *de Pompignan* si poliment encouragé par un philosophe, auroit-il suggéré à l'académie de Montauban une question si extraordinaire, si déplacée, & déjà résolue pour tout homme sans préjugés ? on ne peut justifier cet air de pyrronisme qu'en supposant que le seul but de la proposition est de donner lieu à une démonstration affirmative & tranchante (telle que toutes celles de nos *penseurs*) qui ne laisse plus aucune ombre d'incertitude sur l'utilité de *l'esprit philosophique* ; ouvrage absolument nécessaire à la prospérité de l'Europe, & pour lequel nous serions charmés que notre Eloge de l'impertinence pût fournir quelques matériaux.

Il seroit *donc* affreux, absurde, inconcevable, *criant*, *monstrueux*, qu'une production de l'antépénultième lustre du siècle des lumières & de la philosophie, ne fût pas un traité lumineux & philosophique, sur-tout quand le sujet qu'on y expose est à la fois le plus universellement dominant, le plus solide & le plus vaste en quelque sens qu'on le prenne, quelles que soit celles de ses dimensions qu'on veuille mesurer & soumettre à l'examen réfléchi des philosophes, des boudoirs & des toilettes, des cercles de savans & de savantes du bel-air, l'élite de la société, les enfans gâtés de la nature & du génie. Aussi en avons-nous pris acte dès le frontispice pour éviter tout mal-entendu.

On voudra bien ne pas confondre cet Eloge avec certains jeux d'esprit, avec certaines débauches d'imagination, que quelques anciens ont appelés des éloges. Ils rioient ces anciens ; c'étoit l'usage de leur temps ; c'étoit un travers, une gaucherie, une foiblesse, excusables peut-être dans des siècles où l'on *pensoit* beaucoup moins, incomparablement moins qu'à présent. De nos jours tout s'est perfectionné, civilisé ; on ne rit plus. Tout *pense* maintenant & tout calcule, depuis nos marquis jusqu'aux figurantes de l'opéra ; & quoiqu'on aime l'argent & l'or plus que jamais, ce qui prouve les progrès de la raison, tel de nos plus aimables *élégans* ne riroit pas pour un million. Nos auteurs comiques même n'ont plus le mot pour rire, & déjà nos bouffons joignent, avec un prodigieux succès, les ressources infinies du genre larmoyant & des dissertations aux gravelures sans gaieté & aux *quolibets* substitués depuis long-temps à la plaisanterie.

Michel Psellus a fait, dit-on, l'éloge de la puce; Lypse, celui du chien; Jules-César Scaliger, l'éloge de l'oie; Daniel Heinsius, celui de l'âne, où il auroit pu entrer tant de philosophie si c'en eût été le temps! Lucien & Pirckmeir ont fait l'éloge de la goutte; Favorin & Galissard, celui de la fièvre-quarte; Carneade ou Glaucon, celui de l'injustice; Polycrate, réfuté par Isocrate, celui de Busyris; Cardan, celui de Néron; Alcidæmas, disciple de Gorgias, celui de la mort. Un nommé Jean Bruno prononça publiquement à Wittemberg l'éloge du diable; & plus de deux cents ans avant qu'un abbé composât l'éloge de rien, Erasme avoit fait celui de la folie.

Il est évident que l'ouvrage de Daniel Heinsius, que nous n'avons pas lu, & la déclamation d'Erasme qu'on ne lit plus guère, pourroient seuls paroître avoir quelques rapports avec le sujet qui nous occupe; on verra bientôt qu'ils n'en ont que de très-indirects. Les ânes n'ayant pas été doués de la même perfectibilité que les philosophes,

Heinsius est immanquablement en défaut, & son travail nous laisse trop loin du but. La supériorité de génies tels que les nôtres, n'étant point au nombre de ces choses qui se devinent deux siècles & demi d'avance, il étoit impossible à Erasme, à moins qu'il n'eût eu le don de prophétie, de prêter à sa *Moria* un caractère & des formes qui nous convinssent. Comment auroit-il pu concevoir, par *prévision*, la philosophie d'aujourd'hui, puisque nous, qui avons l'inestimable bonheur de la posséder, nous n'osons pas toujours nous flatter de la comprendre ? Mais disons quelques mots du docte badinage d'Erasme.

Cette tournure poétique, la *Folie*, fille de *Plutus* & de *Néotète* (la jeunesse), qui en faisant son propre éloge, se loue du mérite de ses six suivantes, *Amour-propre*, *Adulation*, *Haine du travail*, *Volupté*, *Egarement d'esprit*, & une autre nommée *les Délices*; nymphes au milieu desquelles se voient le dieu *Comus* & le dieu *Bacchus*; toute cette mythologie ne seroit certainement pas à présent *du bon genre*. Elle a pu amuser beaucoup *Thomas Morus*; mais de nos jours elle donneroit des vapeurs à une belle comtesse qui n'aime que les choses, qui cherche, qui veut par-tout des choses, & que rien au monde n'*excède* plus promptement que les êtres de raison. Le temps des symboles, des fictions, des chimères est passé ; il nous faut des réalités, du physique, du palpable. L'esprit ne se repaît plus de fantômes, d'illusions ; on court au solide : & devenus philosophiquement moraux, nous voulons voir & toucher pour croire, pour nous intéresser ; ou bien, il n'y a pas de milieu, nous planons, avec les ailes du génie, dans la région étincelante des relations intellectuelles que nos sots & grossiers aïeux appeloient, faute de bonnes lunettes, le galimatias.

La *Folie* dont Erasme publia l'éloge en 1501, sa MORIA dédiée à MORUS, espèce de calembourg qui annonçoit cependant quelque lueur du véritable esprit dans cet Erasme ; sa MORIA, si nous la réduisons au simple, ainsi que nous en agissons familièrement à l'égard de toutes les abstractions métaphysiques, n'étoit au fond qu'une habitude du cerveau, ou je ne sais quel pli contracté par quelque fibre. Notre impertinence proprement dite & prise dans le sens philosophique, est bien d'une autre importance que cette *Moria* ; ses raisons d'être, son essence, ses qualités constitutives sont infiniment plus relevées, plus parfaites, plus multipliées, plus fortement prononcées en ce qu'elles font; & fupérieure par la nature de fes caufes, elle l'eft encore par leur coïncidence, leur fimultanéité, par l'aggrégation de fes effets.... Mais ceci n'eft-il pas trop philofophique pour être expofé, aventuré, perdu, ou fi légèrement compromis dans une INTRODUCTION qui n'eft, à le bien prendre, que l'antichambre de la vérité où *Leibnitz* prétendoit que s'étoit arrêté *Defcartes?*.. Reprenons haleine. Pour peu qu'on s'abandonne au génie, on va d'une vîteffe incroyable.

A la vue de ces grands rapports faifis & rendus fans la moindre peine, & de ces traits jetés en paffant, le lecteur inftruit & *penfeur* (nous n'en fouhaitons pas d'autres) preffentira que nous n'épargnerons ni la fublimité, ni la profondeur, ni la fcience, lorfque notre fujet ou fes acceffoires nous fourniront l'occafion d'en montrer ou d'en employer: nous n'en ferons pas la petite bouche. Cette expreffion triviale ne déplaira point à ceux qui favent qu'aujourd'hui tout, jufqu'aux rébus, eft annobli par la philofophie. Néanmoins, comme ce qu'il y a de meilleur a fa mefure, *eft modus*, nous proteftons ici que nous uferons fobrement du droit de paroître favans, que nous citerons peu, fuivant le goût régnant, & que nous tâcherons d'étayer nos preuves de quelques hiftoriettes toujours amenées le plus à propos qu'il fera poffible, duffions-nous, à l'exemple de nos maîtres, tordre quelquefois les idées pour faire naître l'à-propos.

Depuis qu'on s'eft accoutumé à généralifer fes idées & à n'appuyer que mollement fur les conféquences, les difcours & les écrits font fi vagues, qu'il n'y a rien qui ne puiffe s'y placer fans déranger le refte. « Je connois, dit le comte de Chef-
» terfield, un homme qui fait une hiftoire où il
» s'agit de fufils, qu'il croit très-plaifante & qu'il
» débite, felon lui, très-agréablement. Il tente tous
» les moyens poffibles d'amener la converfation
» fur les fufils, afin de raconter fon hiftoire. S'il
» n'y réuffit pas, il faute fur fa chaife & dit que c'eft
» un coup de fufil qu'il a entendu. On lui protefte
» qu'il s'eft trompé ; il convient que cela peut être ;
» mais il ajoute : — N'importe, puifque nous
» fommes fur l'article des fufils.... & voilà qu'il
» récite fa fable en dépit de la compagnie (1). »
Il n'y a pas un auteur de brochures à la mode qui ne pût actuellement parier d'inférer ce qu'on

_____

(1) *Mifcellaneous Vorks of the late Philip Dormer Stanhope, Earle of Chefterfield.*

voudroit dans tel chapitre de ſes œuvres morales, politiques, ou littéraires, ſans craindre de perdre la gageure. Nous nous piquons d'être de la bonne école, & nos philoſophes & leurs lecteurs ont l'eſprit plus *liant*, plus *coulant* que cette impitoyable compagnie qui mettoit l'homme aux fuſils à la torture.

Pour qu'il y ait de l'ordre dans cet ouvrage, ſoyons plus francs, pour qu'on puiſſe le prendre & le quitter à volonté, nous y ménagerons de fréquens repos, nous le diviſerons en quarante parties : le nombre de quarante eſt ſi propice au génie ! Ces parties ſeront autant de chapitres de deux minutes de lecture. Nous aurons ſoin de donner un titre à chacun des chapitres ; & de peur que, durant ce long eſpace de temps, on n'oublie de quoi il s'agit, le titre ſe répétera poliment au haut de chaque page, & ſoulagera la mémoire & l'attention : on ſait combien l'attention eſt délicate à préſent. Tant de précautions pour l'exercer de manière à ne pas l'épuiſer, nous aſſureront vraiſemblablement la bienveillance des amis & des amies des lettres ; & l'invention de ce moyen auſſi nouveau, auſſi intéreſſant que ſimple, occupera, pour peu qu'on le prône, une place diftinguée parmi les découvertes récentes qui feront enrager nos petits-neveux de n'avoir plus rien de grand, rien de beau, rien d'utile à imaginer.

La feule Table des Chapitres fuffira pour faire preffentir que cet Eloge eft une production unique en fon genre, beaucoup plus importante, & plus admirable qu'il ne convient à l'auteur de l'annoncer, attendu qu'il ne fuffit pas à un moderne d'être philofophe, homme de génie, & qu'il doit auffi être modefte & même humble comme fes illuftres modèles. Lorfque toutes les perfonnes de la première confidération des quatre parties du monde connu, après avoir reçu l'exemplaire que nous leur adrefferons accompagné d'une dédicace, nous aurons fait parvenir leur réponfe honnête, nous enrichirons une feconde édition de ce que leurs complimens contiendront de plus honorable, afin de prouver aux détracteurs de la philofophie que fi elle sème des louanges, elle recueille une gloire immortelle. Au refte, fi nous avons contracté l'habitude de nous exprimer au pluriel en écrivant pour le public & pour la poftérité, ce n'eft point par orgueil, mais par un fentiment intime de refpect que nous infpire l'augufte miniftère philofophique.

ELOGE

ÉLOGE
PHILOSOPHIQUE
DE
L'IMPERTINENCE.

CHAPITRE PREMIER.

L'Impertinence justifiée.

« S O T, *fat, impertinent*, ce sont-là, dit un auteur grave, de ces mots que, dans toutes les langues, il est impossible de définir, parce qu'ils renferment une collection d'idées qui varient suivant les mœurs, dans chaque pays & dans chaque siècle, & qu'ils s'étendent encore sur les tons, les gestes & les manières. Il me paroît, en général, poursuit-il, que les épithètes de *sot*, de *fat* & d'*impertinent*, prises dans un sens aggravant, n'indiquent pas seulement un

» défaut, mais portent en foi l'idée d'un vice de
» caractère & d'éducation.....Ce n'eſt qu'avec
» beaucoup de peine qu'on peut venir à bout de
» corriger un *impertinent*. » (1)

La Bruyère s'exprime ainſi : « Un *ſot* eſt celui
» qui n'a pas même ce qu'il faut d'eſprit pour
» être *fat*. Un *fat* eſt celui que les ſots croient
» un homme de mérite. L'*impertinent* eſt un *fat*
» outré. » (2)

Modérons-nous; &, s'il ſe peut, tâchons, quoique
philoſophes, d'avoir raiſon ſans recourir aux injures.
On ne nous accuſera pas d'affoiblir les couleurs
dont des gens, qui n'avoient que du bon ſens &
des préjugés, n'ont point rougi de peindre ou
plutôt de défigurer l'impertinence. Qu'attendre
d'exact, de vrai en morale, comme de *fait de
génie* en littérature, d'un écrivain du dernier ſiècle,
& d'un autre qui n'a qu'à peine apperçu les premiers rayons du crépuſcule un peu tardif de ce
ſiècle-ci ?

---

(1) *Synonymes françois*, de M. l'abbé Girard, édition de M. Beauzée.

(2) Chap. XII, *des Jugemens*.

Au surplus, on étoit alors *comme cela*; mais depuis leur mort, & particulièrement depuis vingt-cinq ou trente ans, tout a bien changé; nous avons couru à pas de géans dans la carrière de la vérité, du beau, de la nature & du génie. Il y a maintenant plus de lumière & de génie dans telle brochure qui ne ressemble à rien, en deux pages, ou même sur la couverture de tel journal où tel rédacteur loue, cette semaine, la philosophie de tel autre qui le lui rendra la semaine suivante; commerce de sincérité & de modestie aussi avantageux au public qu'aux lettres : tranchons le mot, il y a plus de génie dans un almanach d'à présent, que n'en ont jamais eu les Pascal, les Bossuet, les Corneille, les Racine, les La Rochefoucault, &c. dont quelques pédans ou des étrangers font encore retentir les noms à nos oreilles; mille & mille fois plus de verve, d'inspiration, de goût & de sentiment *raisonné*, que n'en offrent toutes les œuvres de ce fastidieux Boileau, qui ne s'est fait une réputation qu'à force de manège & d'intrigue, qui avoit eu l'art perfide & abject de mettre dans sa cabale Louis XIV & tout son siècle, qui n'auroit pas été reçu de l'académie sans un ordre exprès du roi, & que nos suprêmes arbitres de l'opinion remettent enfin à sa place. Mais revenons à l'impertinence bien entendue; ou, pour mieux dire, nous prouverons, lorsqu'il sera question de l'analyser, que nous ne nous en étions pas écartés.

Ces *parleurs* qui, avant le règne des *penseurs*, berçoient nos faciles aïeux de tant de vieilles sornettes, leur débitoient assez volontiers de la morale & de la logique en injures, & leur persuadoient que c'étoit le comble de la politesse, & un témoignage de la plus parfaite estime. La morale de nos jours est flatteuse, prévenante, officieuse ; notre logique est accommodante, indulgente, flexible ; les ouvrages moraux sont l'encourageante & naïve image de ce qu'on fait ; la conduite & le jugement seront bientôt les meilleurs amis du monde : admirable & douce harmonie qui ne pouvoit être que l'heureux fruit d'une grande révolution dans les mœurs & dans les idées!

Rendons néanmoins justice aux deux antagonistes de l'impertinence que nous avons cités. La Bruyère & l'auteur des synonymes possédoient le germe du vrai ; mais l'exemple, des préventions, la timidité & la froideur de leur esprit les empêchèrent de féconder ce germe. La raison, la nation, l'humanité, n'étoient pas encore mûres. Dire que le *sot* n'a pas même ce qu'il faut d'esprit pour être un *fat*, & ajouter que l'*impertinent* est un *fat* outré, c'étoit déjà entrevoir une vérité dont chaque instant augmente pour nous l'évidence, que le *fat* doit avoir de l'esprit, & que l'*impertinent* doit en avoir beaucoup plus, qu'il lui en faut outre mesure.

Le ton injurieux & désapprobateur n'altère point ici le fond du raisonnement. Ne nous arrêtons point à l'air d'invective que donnent ou que voudroient donner des auteurs prévenus aux qualifications de *sot*, de *fat*, d'*impertinent* : on attache à ces mots le sens qu'on veut. *Sot* n'a-t-il pas souvent signifié *cocu* ? *Cocu* ne se dit plus en bonne compagnie, parce qu'il n'avoit d'autre emploi dans la langue que celui d'injure, & qu'il n'en est une que pour le bas peuple. *Sot* perd sensiblement de sa valeur originelle, & ne sera bientôt plus d'usage qu'à l'égard de l'histoire ancienne. Depuis que la philosophie inocule l'esprit & le génie à tout le monde, on ne rencontre presque plus de *sots* ; il ne se dit, ne se fait, ne s'écrit & ne s'imprime presque plus de *sottises*. Quant à l'*impertinence*, cessons d'être les dupes des motifs personnels qui portoient les moralistes des siècles précédens à la dénigrer.

On sait que le meilleur des hommes ne recommande ni ne loue en autrui les brillantes qualités qu'il n'a pas lui-même ; il ne s'engoue point ; il fait au contraire une censure continuelle des vertus, des talens, de tous les dons qui lui manquent. Tel étoit le cas des écrivains qui endoctrinoient nos pères. *Ils sont trop verts*, disoit le renard en parlant des raisins qu'il ne pouvoit atteindre ; & tous les échos répétoient : *ils sont trop verts* ; & la foule des badauds s'éloignoit de la treille en déraisonnant sur l'âpreté du verjus. Si les beaux-esprits d'alors avoient pu avoir une *prénotion* des ouvrages que nous admirons, qu'on s'arrache, ils en auroient écrit des horreurs. Quelles abominations n'ont-ils pas répandues & même accréditées, jusqu'à un certain point, contre le génie épique & l'harmonie imitative, si bien imitée par nos modernes, de ce Chapelain à qui ils en vouloient tous parce qu'il avoit de fortes pensions ; contre le naturel & la fraîcheur des Cotins ; contre la fécondité des Scudéri ;

contre la force & l'harmonie des Pradon; contre la profondeur des Richeffource, des la Serre, &c.? Quel fanatifme d'intolérance littéraire troubleroit la férénité philofophique d'aujourdhui, fi les mœurs, les arts & les fciences étoient encore en proie à ces Démagogues, & foumis à leur verge de fer!

Ils blâmoient ce qu'ils ignoroient, ce qui les contrarioit, ce qui menaçoit de leur faire ombrage; ils critiquoient l'impertinence, comme on a long-temps crié contre les antipodes, contre la magie, l'alchymie, la faignée, l'ipécacuanha; comme des pagodes édentées mordent encore les inoculateurs, les Bletton, les Mefmer, les Callioftro, &c. La vérité n'eft d'abord qu'un rocher battu par les vagues de l'océan fougueux des opinions contradictoires; une vigie, où des nochers hardis & maladroits viennent faire naufrage. Mais à l'époque déterminée par les innombrables chances du hafard qui balotte les humains entre l'abfurdité & la philofophie, le génie créateur couvre ce rocher effrayant & ftérile, des plus abondantes moiffons; & d'un coup de fa baguette enchantée le change en un fecond jardin des Hefpérides, dont les pommes d'or font pour les philofophes.

En affirmant que les épithètes de *fot*, de *fat*, d'*impertinent*, prifes dans un fens aggravant, indiquent un *défaut* & un *vice* de caractère & d'éducation, on convient tacitement qu'il y a plus d'un fens à donner à ces épithètes. Pour les mots *défaut*, *vice*, on ne les entendoit pas mieux au commencement de ce fiècle, que les mots de *caractère* & d'*éducation*, abandonnés alors à la routine des élèves des univerfités : l'inftitution étoit à naître, ainfi que la morale proprement dite. Quel fuccès auroient à préfent dans le monde un jeune homme ou une jeune dame, formés d'après les principes de ces temps de ténèbres ? Comme on les *perfiffleroit !* comme on les *myftifieroit !* ou plutôt les verroit-on ? feroient-ils admis nulle part ? ils n'oferoient fe montrer. Avoit-on encore imaginé des plans d'éducation romanefques, impraticables, charmans, qui excluent toute peine, toute étude, toute contention, toute religion, toute obéiffance, où l'on s'inftruit en jouant ? Auroit-on fu réunir, dans une brochure, toute l'inftitution des perfonnes des deux fexes, celle des bourgeois & celle des princes, & renvoyer férieufement fon lecteur, pour le développement des grands principes de cette dernière, à une comédie composée sur ce sujet ?

La parole est la couleur dont l'homme peint sa pensée, son idée, l'image que ses sens lui transmettent des objets. Un nouvel ordre d'êtres & de pensées demande ou d'autres couleurs ou de nouvelles teintes. Les vieux mots doivent inévitablement changer d'acception. C'est ainsi que ce qu'on nommoit jadis *impertinence*, en y attachant le sens aggravant de *défaut*, de *vice*, peut, doit même se nommer aujourd'hui *impertinence*, dans une acception où soient comprises les notions élémentaires de *mérite*, *perfection*, *belle qualité*. Les vices, les défauts, les travers de l'ancien style, étoient des opinions, ou, si l'on veut, des réalités qui portoient à faux. Elles n'avoient pas alors leur centre de gravité ; la philosophie a su le leur rendre : tout est bien.

Que les voyelles & les consonnes, que les syllabes, que le physique d'un mot ne fasse illusion ni aux yeux ni aux oreilles, au point d'alarmer, de choquer, de rebuter, de désorienter, de scandaliser la raison : un *penseur* se scandalise difficilement. *Impertinence* est le mot propre, le seul convenable. Nous pronostiquons avec assurance que l'ufage & la réflexion lui feront perdre ce qu'une longue erreur lui imprima de défavorable, & l'anobliront. Ils en ont mis en crédit, ils en ont illuftré tant d'autres ! Ils en ont tant profcrit, déshonoré, qui étoient en poffeffion immémoriale de la plus aveugle eftime & d'un refpect fuperftitieux ! Ces deux effets atteftent également le domaine abfolu de l'opinion & de l'habitude fur les fons arbitraires qui ne correfpondent aux opérations intellectuelles qu'en vertu d'une convention qu'il n'appartient qu'à la philofophie de ratifier.

Dans quel décri n'eft pas tombé le mot furanné de *pudeur* ! Combien celui de *vénération* n'eft-il pas devenu infignifiant ! A quel point ceux d'*amour conjugal*, de *conftance*, de *fcrupule*, &c. font ridicules ! Ceux de *chafteté*, de *piété*, de *componction*, &c. feroient exclus de la langue, fi l'ironie & le *perfifflage* ne les y reproduifoient quelquefois en manière de caricatures. D'un autre côté, quelle fortune n'a point fait le mot jovial & pittorefque de *roué*, qui avoit contre lui tant de préventions puériles ? Le triomphe récent de ce mot affez mal-famé jufqu'à nos jours, eft d'un bon augure pour celui de l'*impertinence*, qui ne fut jamais traitée avec autant de barbarie. D'ailleurs, plus elle auroit enduré d'avanies, plus une ame généreuse devroit se sentir excitée à la défendre, à la venger, plus on acquerroit de gloire en lui faisant rendre une éclatante justice, & en fixant à perpétuité ses droits imprescriptibles à la considération publique. Il est digne d'un philosophe de se déclarer le protecteur du mérite outragé, de l'innocence opprimée : à de pareils traits on reconnoît l'active bienfaisance de ce siècle.

CHAPITRE II.

Qu'est-ce que l'Impertinence ?

PLAISANTE question ! — Ce qu'on voit, ce qu'on entend, ce qu'on dit, ce qu'on fait, ce qu'on lit, ce qu'on écrit, ce qu'on imprime, ce qu'on dessine tous les jours ; ce qu'on applaudit, ce qu'on admire, ce qu'on prône de cercle en cercle ; ce qui entre pour les dix-neuf vingtièmes dans la valeur intrinsèque de nos *agréables* ; ce sans quoi l'on n'est qu'un rustre, une *espèce*, un plat honnête homme, une maussade créature ; enfin ce qui distingue les gens *comme il faut*, *les roués*, les femmes adorables, du *grand genre* & du *meilleur ton* ; le charme & les délices de la *très-excellente compagnie*.

L'impertinent de Théophraste n'étoit qu'un *diseur de rien* (1). L'impertinent moderne est si perfectionné, que celui des Grecs ne seroit qu'un pauvre

---

(1) *Les caractères de Théophraste*, *traduits du grec*, par *la Bruyère*, chapitre III. *De l'Impertinent ou du Diseur du rien.*

débutant au milieu des nôtres. Nous l'avons appris même des pufillanimes raifonneurs qui, faute de mieux, paffoient pour de grands hommes chez nos grands-pères. Un *impertinent* doit avoir de l'efprit, beaucoup d'efprit, plus d'efprit qu'un *fat*; mais quel efprit fuppofe ou exige l'impertinence qui eft l'objet de cet éloge? on ne peut répondre à une femblable queftion: difons tout, on n'eft dans le cas de la propofer, de la concevoir, que lorfque la civilifation eft heureufement parvenue à un degré étonnant, incroyable. Quel efprit? celui qui réunit toute la fineffe & l'agrément du quolibet, la fubtilité & la folidité de la charade, la profondeur du logogriphe, l'intérêt & le naturel de la gravelure, la gaieté fémillante du calembourg, la fenfibilité machinale du drame, les reffources du ton affirmatif & de l'ironie, à l'impofante & majeftueufe gravité d'une philofophie dont l'œil perçant fonde *l'abyme de l'être*. . . . . Tout ceci fe fent mieux qu'on ne fauroit l'exprimer; les merveilles font toujours mélées de quelque myftère. Du moins nous flattons-nous que les fublimes génies nous entendront prefque auffi bien que nous avons le bonheur de les entendre,

Pour se former une idée exacte de *l'impertinence* prise dans un sens favorable, philosophique, le seul vrai, comme se prend depuis quinze ans le mot *roué*; il suffit de dépouiller de bonne foi tout préjugé vulgaire, afin de bien apprécier les propos, la conduite & les ouvrages de ceux qui doivent à cette impertinence achevée, bien polie, *du dernier fini*, leur existence, leur fortune, leur gloire & leurs plus douces jouissances. « *L'impertinent*, dit l'un des auteurs que nous avons déjà cités, est un *fat* qui pèche en même temps contre la politesse & la bienséance. Ses propos sont sans égard, sans considération, sans respect; il confond l'honnête liberté avec une familiarité excessive; il parle & agit avec une hardiesse insolente. » Supprimons les injures qui ne sont plus des raisons que sur les bancs de l'école, aux halles, en poésie, & dans des écrits polémiques. Il reste que l'impertinent fait peu de cas de ce que M. l'abbé appelloit *politesse, bienséance, égard, considération, respect*; que l'impertinent confond l'honnête liberté de l'homme aimable à qui tout sied, avec cette familiarité que nos bégueules de grand'mères trouvoient excessive ou excédante,

& qu'il parle & agit avec une noble hardieſſe que les eſprits timides taxent d'inſolence. Au ſtyle près, que diroit-on de plus à la louange du caractère qu'on s'efforce ici de dénigrer? Le lecteur eſt prié de vouloir bien redoubler d'attention : il va voir qu'en notre qualité de philoſophes, nous comptons autant ſur ſon diſcernement que ſur ſa patience.

La *politeſſe* eſt toute autre depuis l'aurore du génie ; & la *bienſéance* veut impérieuſement qu'on ſoit poli comme le ſont les gens polis. Ayez de l'honnêteté à l'anciennemode, de la circonſpection, de la retenue, un maintien réſervé, la décence, la modeſtie, les belles manières d'autrefois, à quoi tout cela vous menera-t-il ? au ridicule. Vous ferez fort bien de reſter ſeul, ou l'accueil que vous recevrez dans nos brillantes ſociétés, vous convaincra de la néceſſité de vous refondre entièrement. Vous y ferez raillé, *perſifflé, myſtifié* le plus poliment du monde ; vous n'y aurez pas le ſens commun de peur d'en manquer ; à tout inſtant, vous ne pourrez, vous ne ſaurez, vous n'oſerez ; ce qu'il y auroit de moins malheureux pour vous, ce ſeroit d'être traité en homme ſans conſéquence.

Si l'on vous recherche, il ne tiendra qu'à vous de jouer un personnage, celui d'une bête rare.

On a réformé les *égards*, comme étant d'un détail trop minutieux. Ces *misères*, ces *vétilles* si importantes aux yeux des sots, rapetissent l'esprit qui voit l'humanité & l'ordre social en grand, en masse, en bloc ; & la *considération* extérieure est une singerie, une triste pantalonnade, incompatibles avec la franchise, l'indépendance & la dignité d'un *penseur :* ce que la considération a de réel, il le réserve pour lui-même. Sa suprématie étant une fois convenue, tous les autres hommes lui paroissent assez égaux; ce qu'il leur doit est si peu de chose, après qu'il s'est bien admiré, que, de quelque façon qu'il en agisse, ils ne peuvent qu'être enchantés de voir que son génie daigne s'occuper d'eux. Il dit, il écrit *les femmes* pour *les dames : si vous aviez cette femme*, pour *si vous aviez le bonheur de plaire à madame la marquise* ; il croit louer merveilleusement un grand, un ministre, un prélat, en répétant avec emphase dans un pamphlet: *voilà l'homme, voilà l'homme qu'ont formé les écrivains*, &c. &c. On sent que les *égards*, la *considération*,

considération, le *respect*, ne signifient plus rien, à moins qu'il ne soit question d'un philosophe ; & que confondre l'*honnête liberté* & la *familiarité*, c'est se rapprocher de la nature.

De combien d'entraves ne sommes-nous pas délivrés ! & comme on se les donnoit volontairement autrefois, quelle bassesse ou quel aveuglement, quelle lâcheté ou quel abrutissement dans ces nombreuses générations qui nous les auroient transmises en héritage si le génie n'avoit eu pitié de nous ! la conduite, les propos, les manières, tout participe aujourd'hui à l'indépendance de la pensée. Autrefois la liberté indéfinie d'un homme, d'une femme, d'un fils, d'une épouse, de sa fille, d'un citoyen, ne passoit pas les bornes étroites du cerveau. La moindre idée, le plus foible desir vouloient-ils se manifester au dehors par des mouvemens de langue, de bras, de pieds, de tout le corps ? c'étoient des règles sans nombre qu'il falloit consulter ; règles pour soi, pour les autres, pour le présent, pour l'éternité. Maintenant toute idée, tout desir se montre à sa fantaisie, meut à son gré tel ou tel membre, si les nerfs épuisés conservent encore la faculté de se mouvoir ; & le

B

code fort abrégé des règles à suivre est réduit à quelques maximes philosophiques : pour soi, jouir, abuser ; pour les autres, on s'en moque, à charge de revanche ; pour le présent, attrape qui peut ; quant à l'éternité, la pensée n'en est pas d'un ordre assez relevé, assez important pour occuper les loisirs de l'élève du génie.

Ce sont ces volontés indisciplinées, ces passions indépendantes qui font régner tant d'harmonie dans les ménages, dans les familles, dans les sociétés. Tous n'ayant qu'un même but, le plaisir du moment, on conçoit que de l'unité du principe il doit résulter le parfait accord des conséquences. Rien n'est blâmable que des mesures mal prises ; rien n'est indécent que le mépris de l'occasion offerte ; rien n'est illégitime de ce qui réussit ; telles sont les trois bases philosophiques du savoir-vivre moderne, que nous nommerons *impertinence*, jusqu'à ce qu'on invente ou qu'on ressuscite, pour exprimer cette idée collective, un mot grec ou celtique, aussi utile que celui d'*odontalge* pour *dentiste*, aussi usuel que ceux de *pompe anti-méphytique* pour la précieuse machine qui contribue tant à purifier l'air de nos cités.

En attendant qu'on rende ce service à la philosophie, *impertinence* viendra du latin, de *im*, qui,
joint à certains mots, leur donne un sens négatif,
comme dans *im*parfait, pour non-parfait; & de
pertinere, appartenir, convenir, avoir rapport. Le
fond de l'*impertinence* sera donc, étymologiquement
parlant, la *non-appartenance*, la *non-convenance*,
le *non-rapport*; &, en effet, tout cela s'y trouve
au plus haut degré.

L'homme du jour dissipe gaiement ce qui appartient à ses créanciers, dépouille ses parens, frustre
ses enfans de leur patrimoine, voudroit ruiner ses
amis au jeu, brigue leurs places, convoite & séduit
leur femme, abandonne la sienne à qui la veut;
aussi a-t-il tous les droits possibles de se croire
essentiellement *impertinent*, c'est-à-dire sectateur
de la *non-appartenance*; car il proteste par le fait
contre quiconque dit : ceci m'appartient.

Quant aux convenances, il est du bel air de
ne faire aucun état des obligations qu'imposoient
anciennement le rang, les formes antiques, les
usages établis, le bon sens, une certaine uniform-
mité de conduite. Aujourd'hui chaque individu
tend à secouer toute espèce de joug, à briser ou

relâcher tous ses liens, pour tendre à sa propre satisfaction par tous les moyens, non pas justes, non pas raisonnables, mais possibles ou même illusoires. Dans ce déchaînement des passions excitées, le cœur est une démocratie tumultueuse qui change à tout instant de magistrats. Ainsi, plus de *convenances* d'un moment à l'autre, ni du particulier à la société. Les maximes qui embrassoient le bien général, ces *convenances* qui répondoient au plus grand nombre, aux peuples, à la famille des peuples, à l'humanité, sont méprisées, attaquées, ridiculisées. Elles gênent, elles blessent ; elles ne peuvent plus être observées que par de bonnes gens, qui passeront pour des imbécilles, à l'égard de qui on les violera lestement, en se moquant d'eux comme on rit des dupes.

Ici rentre tout ce qu'on a dit, & tout ce qu'on pourra dire de l'oubli des égards, &c. pour démontrer d'autant plus clairement que la *non-convenance*, qui n'est que la confusion des anciens rapports, le *non-rapport*, fait une partie essentielle, élémentaire, de l'impertinence dérivée de *in* & de *pertinere* ; de cette charmante impertinence dont l'espèce humaine a bien eu de temps en temps quelques notions superficielles & décousues ; qu'elle a toujours beaucoup estimée dans la pratique, même en la calomniant dans la théorie ; qu'entrevirent de très-près & qu'honorèrent assez publiquement certains mortels privilégiés ; mais qui n'a pu briller que de nos jours avec toute la plénitude de sa gloire.

CHAPITRE III.

Antiquité de l'Impertinence.

Les lumières du siècle du génie ont bien fait voir qu'au moral comme au physique, les vieilles choses ne valent pas les nouvelles : cette vérité saute aux yeux de tout le monde. Quelle douairière sera préférée à sa jeune nièce ? quel vieux tuteur n'est supplanté par son pupille ? quel homme de robe, encore mineur, n'en sait pas mille fois plus que des magistrats octogénaires ? quel enseigne adolescent ne donneroit pas des leçons à son général ? quel fils ne rit pas de l'ignorance, des préjugés & de la gaucherie de son père ? quelle fille n'est pas à seize ans aussi instruite & d'une science plus communicative que sa mère ? S'il y a quelques exceptions à faire, elles sont si peu nombreuses, qu'elles confirment l'observation au lieu de la détruire.

Depuis la création, ou, pour parler plus exactement, plus philosophiquement, depuis que l'homme a cessé d'être plante, poisson ou quadrupède, a-t-il composé un livre qui vaille la plus futile de nos brochures? Aucun des palais qu'a dévorés ou respectés le temps, étoit-il aussi habitable, aussi commode que nos jolis *bijoux* d'architecture, ne fussent-ils que de bois ou de plâtre, avec leurs entre-sols, leurs dégagemens, des corridors en labyrinthe, des soupentes, des alcoves, des moitiés, des quarts de fenêtres, des plafonds de toile, des lambris & de riches bibliothèques en papier peint, des boudoirs voluptueux, &c.? Quelles statues, quels vieux tableaux plaisent autant que nos biscuits sous verre, nos pastels, nos estampes enluminées? Entouré de magots, de grouppes lascifs, de têtes bouffonnes de nos graves *penseurs*, de minois lubriques qui leur sourient, de nudités exquises qui portent le plus doux désordre dans les sens, on auroit bonne grace de regretter ces lourds & froids morceaux d'histoire grecque ou romaine. L'érotique a éclipsé, remplacé l'héroïque; & une jouissance en miniature intéresse infiniment plus que toutes les campagnes du conquérant de l'Asie.

Pour nos étoffes, qui ne sont guère que des variétés de la même espèce, que des gazes diversement ouvragées, elles ont condamné ces damas, ces gros-de-Tours, dont la folidité cuiraffoit nos inabordables aïeules, qui les habilloient pour la vie, & couvroient enfuite les meubles de famille achetés au quintal, que nos grand'mères pouvoient à peine traîner. Les bergères élaftiques de nos jeunes favantes, leurs chaifes longues à bafcule, leurs lits de repos d'édredon, nos fecrétaires-chiffonnières, nos *réveilleufes* en fatin noir, au ciel de glace.... Mais où nous a menés l'intention de prouver ce que perfonne n'ignore, que le vieux ne vaut pas le neuf, que les temps écoulés ne font pas comparables au temps moderne? Il eft cependant encore une claffe de *raifonneurs à perte de vue*, qui ne prifent que les faits & les chofes qui comptent des fiècles, & auxquels on n'arrache une approbation que par des exemples tirés de l'antiquité; efprits timides, bizarres, ombrageux, qui n'avancent pas dans le fentier de la vérité, s'ils ne voient de côté & d'autre de profondes ornières. C'eft à ceux là qu'on doit montrer l'antiquité de l'*impertinence* telle que nous la concevons.

Quoi de plus ancien que Saturne, & de plus impertinent que fa famille, & prefque tous les dieux d'Homère? Que d'abfurdité dans le ftyle des gens qui fe croient plus fages lorfqu'ils ont de l'humeur! Examinez pourtant en détail les mœurs, les principes, les idées, les inclinations, les difcours, les continuelles *échappées* de la plupart de ces dieux & de ces déeffes; & fi vous avez quelque candeur, vous conviendrez que c'eft notre civilifation perfectionnée. Vous y reconnoîtrez le fatalifme de nos *philofophes*, les charmantes perfidies de nos *roués*, leurs délicieufes noirceurs, qui ne peuvent indigner qu'un Platon, & dont il blâmeroit nos cercles, comme il a eu la pédanterie d'en blâmer Homère; la liberté, la licence effrénée de nos *agréables* opulens; la facilité des maris d'aujourd'hui; la franchife de l'amour phyfique, le feul qu'on recherche à préfent; les prérogatives des belles dames, & leurs fréquentes fantaifies; l'indocilité des fils, & la dérifion des pères; les mauvaifes plaifanteries, fi néceffaires pour *tuer le temps*, &c.

Il nous manque, il eft vrai, des forces inextinguibles, des attraits toujours nouveaux, des moyens proportionnés aux defirs. Auffi ne fommes-nous pas des dieux, & nos dames ne font des déeffes que dans un madrigal. Mais nous nous fervons tous fi bien de ce que nous avons, qu'on ajoute à notre gloire en fongeant à ce qui nous manque.

Les forces pour la défenfe & pour l'attaque ne font en nous ni celles des dieux ni celles du dernier des héros d'Homère; mais le fufil atteint un homme de loin; le piftolet vous caffe la tête auffi bien qu'une roche lancée par l'un des deux Ajax; le canon donne aux guerriers un air de Jupiter; l'épée ne demande que de l'adreffe, & nous nous expofons à une grêle de coups fans la moindre armure. Quant aux forces néceffaires pour jouir, nous afpirons le plutôt que nous pouvons à la gloire d'avoir prodigué les nôtres; & depuis qu'il eft ignoble de poffeder une fanté robufte, fi nous avions le malheur de naître trop vigoureux, les mœurs corrigeroient bien vîte la nature.

Ces charmes toujours nouveaux, que rêvoit le chantre des déeffes de l'Olympe, fe retrouvent, au pied de la lettre, fur la toilette des dames *comme il faut*. Nous parlions tout à l'heure de la nature; c'eft-là qu'elle admire également & les fervices qu'on lui rend & les tours qu'on lui joue. Le rouge végétal, minéral, le blanc chymique & le bleu de veines, font rivalifer la belle de cinquante ans & celle qui n'en a que vingt-cinq ; les cheveux ne grifonnent jamais que pour le temps où perfonne ne les voit ; les dents font toujours de la même beauté, on en a de rechange ; le fieur Maille fait difparoître ou prévient les rides ; & tel de fes vinaigres étonne & déforiente les amateurs de nouveautés & de difficultés vaincues.

Si c'eft pour le moral qu'on nous compare aux divinités d'Homère, nous ne pouvons que gagner à cette comparaifon. Même art, même aftuce dans l'intrigue, & peut-être les avons-nous pouffés beaucoup plus loin ; même inconftance ; même ennui fi l'on ne nous amufe ; même goût, même avidité pour le bruit, pour des fpectacles, des combats, des fiéges, des maffacres, des drames bien affreux, des tragédies à grands coups de théâtre, vus d'une petite loge, ainfi que Jupiter voyoit les Troyens & les Grecs du plus haut des fommets du mont Ida ; & nos dames *fentimentales* lorgnent tel ou tel acteur qu'elles affectionnent, auffi bien que Junon, Minerve & Vénus, des palais céleftes bâtis par Vulcain. Enfin, aux proportions près, que regrettent beaucoup nos *érudites*, tout étoit alors comme chez nous. L'impertinence eft donc de la première antiquité. En inventant la mythologie, on ne produifit que la figure de ce que préfente en réalité la bonne compagnie de nos jours. Cette figure fut gigantefque pour fervir de modèle à tous les peuples, à tous les âges; mais le bien rencontre tant d'obftacles !

On nous objectera fans doute, car notre fiècle eft fi difficile lorfqu'il s'agit de croire, fur-tout aux êtres métaphyfiques; on nous objectera que des fables, des chimères ne fauroient paffer pour une manière d'être de l'homme; que, par conféquent, *l'impertinence* évidente des dieux, ne date point à l'avantage de celle des humains. Ce fophifme eft fpécieux; mais une feule réflexion le pulvérife : des fables révérées, des chimères adorées par tant de peuples, atteftent quelle eft la forte de mérite & de perfection que les hommes font naturellement portés à chérir, à eftimer le plus : l'impertinence des mortels fe retrouve donc implicitement dans celle que leur propre penchant leur fit attribuer aux divinités qu'ils imaginèrent.

D'ailleurs, en abandonnant les fables, en defcendant du Gargare dans l'hiftoire, nous ne perdrons aucun de nos avantages : dès qu'il y eût deux frères, il y en eut un qui fut impertinent avec grossièreté, mais dans toute l'énergie du terme; & notre urbanité, fruit tardif du génie appliqué de longue main au développement de la perfectibilité d'une population immense, n'a fait qu'émousser les aspérités, qu'adoucir les formes trop rudes de cette impertinence qui ne laissoit pas d'être la bonne, & dont l'extérieur rebutant a choqué même jusqu'à nos pères à peine imbus des premières rosées de la philosophie *régénérative* destinée à changer la face de nos sociétés.

Si l'histoire est le greffe de l'impertinence d'abord âpre & sauvage, comme les plantes agrestes, & de temps en temps mitigée & d'un usage plus agréable, comme les plantes un peu cultivées, n'oublions pas qu'il est telle peuplade dont un philosophe ne consulte jamais les annales qu'à contre-cœur. Quelqu'anciens que soient les Juifs, tout *penseur* de bonne foi doit avoir une invincible répugnance à trouver chez eux aucune des qualités morales, qu'il se propose de louer : chacun a ses raisons d'état. Le patriarche de la philosophie n'a fait mention des Israélites que pour les vouer au mépris. Il affirme que la loi leur défendoit de manger des Ixions & des Griffons, & qu'ils mangeoient le cheval & le cavalier; il s'est égayé en homme de goût, sur le *déjeûner* du prophète Ezéchiel, &c. En vain a-t-on répondu & prouvé que les *Ixions* & les *Griffons* ne sont pas dans les livres qu'il cite; que c'étoient les corbeaux & non les Juifs qui dévoroient l'homme & son cheval; que le pain & la confiture qu'il donne à déjeûner au prophète font partie d'un songe; qu'en plus d'un pays on fait encore cuire le pain sous de la fiente desséchée, &c. Les œuvres de Voltaire n'en *instruiront* pas moins les races futures; & malgré le bon sens & la vérité, on ne doit plus, sous peine du ridicule, chercher un sujet de louange en Israël.

Le génie embrasse d'un clin-d'œil le globe & tous les âges, à l'aide de quelques dictionnaires portatifs; l'Asie, l'Europe, l'Afrique & l'Amérique lui sont présentes à la fois, ainsi que toutes les époques de la nature humaine. Il voit en même temps & pèse au poids d'une impartiale justice, en y mesurant son estime, les impertinences d'un Remphis, celles d'un Xerxès; les impertinences si sublimes des Syriens; celles des Moabites & des Madianites; celles des Philosophes toujours si féconds en bons exemples, même dans les fiècles où l'on jugea trop légèrement de leur mérite ; celles des conquérans, monftrueufe exagération de la conduite toute aimable d'un galant moderne, d'un *roué* à la mode, qui attaque & triomphe de côté & d'autre, dont le feul nom fubjugue, qui prend, quitte, reprend, & vainqueur ou vaincu, montre toujours autant de défintéreffement que de courage; celles des médecins, à commencer par Hyppocrate, qui confeilloit de courir en rond lorfqu'on avoit vu, en dormant, une éclipfe de lune, jufqu'aux doêteurs qui guériffent nos dames avec le bout du doigt & de la crême de tartre, &c. &c. Ajoutons que le génie en voit bien plus que nous ne pourrions en indiquer.

CHAPITRE IV.

Anecdote de quelques siècles.

« EH ! s'écriera *certaine dame honnête & savante*
» *& profonde*, ne nous donnerez vous ici ni petit
» conte, ni anecdote pour confirmer ce que
» vous avancez, & pour augmenter la solidité
» philosophique de votre ouvrage ? » — On vous
avoit prévenu, lumineuse comtesse, sublime marquise, &c. Ces divers noms, jetés comme à l'aventure dans l'énumération incomplète que nous venons de faire sans prétention, sont les étiquettes de *souvenirs* que nous allons redemander pour vous à notre mémoire écrite. Vous verrez aisément qu'il ne nous coûteroit ici que le temps de copier, si nous voulions ou si nous osions vous en offrir davantage. Ordonnez ; autant & aussi peu que vous voudrez ; vos desirs sont nos seules loix, & vos suffrages notre couronne.

Le trait de Remphis est d'une telle force, d'une si rare beauté d'impertinence pour des temps si reculés, si peu éclairés, que l'historien moderne,

après

après s'être donné la peine, certainement très-méritoire, de le raconter avec toutes ses circonstances, n'a pas la hardiesse de prendre sur lui de le garantir. Voici ce que c'est en substance. On ne sait pas au juste le nom du principal personnage de cette nouvelle ou de ce conte moral. A quoi s'occupoient donc les historiographes de l'Egypte ? ces anciens étoient d'une futilité, d'une étourderie qui feroient perdre patience si l'on ne prenoit le meilleur parti, celui de ne pas les lire.

Remphis ou Rampsinitus, dit l'Histoire univer-selle, traduite de l'Anglois par une société de gens de lettres, accumula un grand trésor, & son avarice y consacra un bâtiment. L'architecte, nous abrégeons, y laissa une pierre qui n'étoit pas scellée, & mourut avant d'avoir pu faire le vol qu'il méditoit. Il en instruisit ses fils, qui entrèrent dans ce bâtiment, volèrent & replacèrent la pierre sans être soupçonnés. Remphis fit entourer de piéges les vases où étoit son or. L'un des deux frères y fut pris, & conjura l'autre de lui couper la tête : l'autre la lui coupa & sortit en replaçant encore la pierre, puis arrivant bientôt après avec un char-riot chargé d'outres de vin, il en perce une, se

C

lamente ; les gardes accourent, s'enivrent, le jour baisse, & ce frère emporte le corps mort de son frère. Le roi, surpris de tant de ruse qui lui déroboit le voleur, ordonna à sa fille de se prostituer dans l'un des appartemens du palais, & d'exiger pour prix de ses faveurs que chacun des concurrens lui confiât le tour le plus ingénieux qu'il auroit su faire, & la plus mauvaise action qu'il auroit commise. Notre voleur arrive, raconte le sort de son frère, ne dit mot de la pierre, parle du tour de l'outre de vin percée pour enivrer la garde, se vante des vols & du meurtre de ce frère. La princesse crie, veut l'arrêter ; mais il fuit & laisse dans les mains qui tâchoient de le retenir, un bras fraîchement coupé à un mort, bras qu'il avoit sou. son manteau. Memphis émerveillé publie qu'il fait grace au voleur ; celui-ci vient, le roi lui donne sa fille en mariage, & le comble de biens & d'honneurs.

Il faut respirer un peu avant d'être en état d'ajouter quelques réflexions au récit de cette étonnante aventure.

CHAPITRE V.

Réflexions & Rapprochement.

Ce qu'il y a d'étonnant, d'incroyable en toute cette histoire singulièrement intéressante, instructive, dramatique & *sentimentale*, ce sont les progrès qu'elle suppose que ce Remphis, cette princesse & le peuple ont déjà faits dans la philosophie qui, suivant toutes les *données* physiques & cosmographiques, ne devoit acquérir de la consistance que vers le milieu du dix-huitième siècle de l'ère où nous avons le bonheur de vivre.

Le trésor, à la vérité, n'est pas dans les principes de cette économie politique dont le plus cher objet est une circulation utilement accélérée : l'or ; au lieu de s'accumuler, doit vivifier toutes les branches de l'industrie. Nos *agréables*, pénétrés de ces importantes maximes, ne sont pas gens à laisser dormir leur or. Que de moyens pour eux de l'employer ! le creps, le lansquenet, le brelan, vingt autres jeux, les gageures, l'agiotage ; le luxe, les filles entretenues, &c. &c.

Mais quel esprit supérieur aux ressources d'une police ordinaire, quel juge du cœur humain, que ce Remphis qui prostitue sa fille, sans doute unique, puisqu'on ne dit pas l'une de ses filles; & cela pour apprendre quelques ruses de voleurs qu'il est toujours bon de savoir, & pour découvrir un secret dont il devoit bien être certain d'attirer l'aveu par l'appât de plaisirs si délicats, si réels, si honorables ! Convenons que le père & la fille avoient secoué beaucoup de préjugés : celle-ci sur-tout se montre dégagée de mille craintes, de scrupules, de répugnances d'opinion qui arrêteroient, qui du moins feroient hésiter nos plus déterminées philosophes, même nos épicuriennes atomistes & anatomistes; car la plupart ont encore plus de babil que de pratique, & peu d'énergie de caractère, malgré l'air mâle & aguerri qu'elles se donnent.

Elles savent, elles ont appris dans nos meilleures brochures, qui leur plaisent tant, que la propriété est une convention, un mot, une équivoque; le voleur, le filou, l'escroc, un homme adroit qui redresse un mal-entendu, en rappellant l'époque où tout étoit au premier occupant; que la pudeur est un enfantillage, la décence une sottise ou un prétexte, la vertu un mot vide, l'amour une périphrase, une circonlocution ; le plaisir l'ouvrage des sens émus ; cette émotion, l'effet naturel & momentané de tout objet physique & organisé pour la produire ; & la sagesse, l'art de ne perdre aucun plaisir. Quoique familiarisées à tous les détails de cette science fondamentale, au point de former des élèves, elles n'embrassent pas encore toutes l'ensemble des résultats ; & s'il en est de si universellement expertes que rien ne les étonne, ne les retient, on ne sait quelle inconséquence borne l'essor du plus grand nombre.

Oh! pourquoi ce Remphis n'a-t-il pas, dans ses loisirs, composé un traité sur sa manière d'élever les jeunes personnes ? dix pages de maximes puisées dans la nature, un petit livre élémentaire à l'usage des maîtresses de pension & des gouvernantes, l'auroit plus illustré que dix pyramides. Ce manuel, rempli d'idées originales, étayées d'une expérience qui avoit si heureusement réussi, seroit à présent d'une utilité plus directe que nos volumineux romans d'éducation négative. La philosophie à la mode, en dénouant l'un après l'autre tous les liens du devoir, n'en efface que lentement les empreintes souvent gênantes & quelquefois douloureuses pour les cœurs enchantés, mais peu dignes d'être libres. Ses ciseaux tranchans coupent tous les barreaux de la cage de l'oiseau dans sa mue; mais ils ne le préservent pas d'une première peur de tomber en essayant ses ailes.

D'essai en essai, de conséquence en conséquence, nos jeunes gens des deux sexes parviennent assez tôt à un degré raisonnable de civilisation. Tous les jours à présent, une femme se promet & tient parole, pour découvrir un secret; un mari cède à sa femme; une mère tire parti de sa fille pour avoir des bijoux, des pierreries, des chevaux, des valets; que de bonnes amies se livrent généreusement afin que leurs amis paroissent avec quelque honneur dans le monde! mais la fille de Remphis est plus philosophe, plus sublime que tout cela. Nous sommes donc de l'avis de l'historien aussi grave, aussi prudent qu'édifiant dans le choix des anecdotes qu'il rapporte, & qui, après avoir raconté celle-ci à ses lecteurs, a l'honnêteté de les avertir qu'il n'en garantit pas l'authenticité. Il suffit cependant que le fait soit instructif & moral, pour le citer aux *penseurs* &

aux *penseuses* qui aiment éperdument à s'instruire & qui raffolent de morale.

A peine pourroit-on l'affirmer, si l'on avoit été le favori de Remphis ou la dame de confiance de cette auguste princesse ; mais combien de faits nos philosophes n'avancent ils pas dans leurs brochures, qui ne sont ni plus authentiques, ni plus vraisemblables que celui-là ! chacun d'eux prend dans les relations ce qu'il croit propre à soutenir son système ; l'essentiel est de prouver ses paradoxes : qu'importent ensuite la source, la vérité historique, &c. ? L'opinion est la reine du monde, & les écrivassiers modernes sont à la fois & les mignons & le conseil de cette vieille reine douairière.

CHAPITRE VI.

Autre Anecdote sans indiscrétion.

ON lit dans Hérodote, & sans beaucoup d'érudition dans le *Chevræana*, que Phéron, roi d'Egypte, fils de Sésostris, ayant été aveugle pendant dix ans pour un sacrilège, fut averti par un oracle, oculiste d'une singulière espèce, qu'il recouvreroit la vue, s'il lavoit ses yeux de l'eau d'une femme qui n'auroit eu commerce qu'avec son mari. L'aveugle commença par son épouse & continua par d'autres, qui ne lui furent d'aucun secours; enfin une jardinière le guérit. Quand il eut recouvré la vue, il assembla toutes les femmes qui lui avoient été inutiles, malgré leur belle réputation de fidélité, les fit toutes brûler, elles & la ville où elles étoient, & épousa la jardinière.

Ce Phéron avoit du caractère, & on distingue dans son étrange conduite, de fortes nuances de la précieuse qualité sociale qui est l'objet de nos méditations & de cet éloge philosophique: mais à quoi peuvent mener d'excellentes dispositions

Autre Anecdote sans indiscrétion.

dénaturées par un excès de crédulité & de férocité ? s'adresser d'abord à sa femme, quelle gaucherie ! où avoit-il vécu ? dans quelle barbarie étoit donc encore plongée cette Egypte, la pépinière des sages ? Pauvre humanité ! tu présentes un mélange inexplicable & désespérant de bien & de mal, de grandeur & de petitesse, lorsque toutes tes pensées & tes inclinations ne sont pas épurées au creuset du génie ! quoi, pousser la philosophie jusqu'au sacrilége, & en avoir assez peu pour compter sur la fidélité de sa femme, pour lui faire un crime de ne pas rendre la vue à son mari, pour troubler la paix de tant de ménages, pour donner un odieux exemple de jalousie très-déplacée puisque le *decorum* étoit si bien gardé ; pour ruiner tant de familles respectables dont l'inutile honneur conjugal fondoit tout l'espoir, & qui en faisoient une honnête ressource, &c. &c. !

La civilisation n'étoit pas plus avancée alors que l'art de l'oculiste. Brûler tant de femmes ! Cette opération dut ruiner la plupart des fabriques du pays. S'il n'eût brûlé que les laides, passe encore ; mais les autres ! quelle horreur ! on les séduit, on les achète, on les a, on les quitte, on les dénigre, on les perfiffle, on les chanfonne, on imprime leurs billets, on les diffame, fi l'on peut, & on les reprend pour les mieux punir.... Voilà maintenant la feule vengeance que doive fe permettre un galant homme. Incendier toute une ville, pour n'avoir pas d'abord trouvé ce qu'on cherchoit! Ce forcené mettroit aujourd'hui le feu aux quatre coins de l'Europe. Paris eft fort heureux que les quinze-vingts ne foient pas des Phéron, que le baron de Wenzel trouve plus expédient de bien opérer que de rendre des oracles, & que l'eau des bégueules ait ceffé d'être un collyre.

En louant ici, comme il eft jufte, la partie vraiment philofophique du caractère du fils de Séfoftris; fon premier goût pour la *liberté de penfer;* fon égoïfme; le mépris des convenances, quoique mal appliqué; l'opinion qu'il avoit de fon droit de difpofer de toutes les femmes fans confulter les maris, opinion qu'il auroit accréditée s'il eût préféré le flambeau de l'amour aux torches des incendiaires; blâmons fes moyens qui durent priver, pendant tout fon règne, les poètes de l'Egypte du bonheur de parler de *feux* & de *flammes* à leurs maîtreffes anonymes, ce qui jeta fûrement beaucoup de froideur dans leurs madrigaux; reconnoiſſons de bonne foi qu'il avoit encore la berlue, malgré le ſpécifique de la nymphe potagère, puiſqu'il l'épouſa. Il auroit pu, par reconnoiſſance, lui donner un état, un rang, des *honneurs*, des richeſſes, à la charge de s'ennuyer de temps en temps avec lui, & de s'en conſoler avec quelque page.

Xerxès nous dédommagera d'une ſi triſte connoiſſance.

CHAPITRE VII.

Grand secret de la cour de Perse.

Ce roi de Perse, ce roi des rois, leva, comme on sait, une armée de trois cents mille hommes, coupa des montagnes, tarit des rivières, combla la mer, uniquement, disent les nouvelles à la main de ce temps-là, parce qu'un médecin grec attaché à la femme de Xerxès, ayant envie de revoir le port de Pyrée, & de manger des figues de l'Attique, mit cette fantaisie de guerre dans la tête de la princesse, qui sut bien y résoudre son mari. On tombe des nues lorsqu'on songe que ce sont des anciens qui mêloient déjà tant de philosophie à leur politique. Tout ce que nous avons entrepris de louer, se trouve réuni dans un pareil trait d'histoire, à un point qu'on ne sauroit trop admirer pour des temps si reculés. Le vrai, le beau moral & le génie se montrent, brillent de loin en loin, & tracent des sillons de lumière sur le fond ténébreux de l'ignorante antiquité.

L'Aristippe de Balzac observe que ce galant

homme, ce docteur Perse auroit pu faire son voyage à moins de frais, en plus petite compagnie, & manger des figues sans tant de préparatifs; mais l'exiguité du motif relève infiniment la sublimité du projet & la gloire de l'expédition, à laquelle il ne manquoit, s'il faut tout dire, que d'avoir été suggérée par le médecin magnétiseur d'une favorite: car les *non-appartenances*, les *non-convenances*, & la confusion volontaire des rapports sont dans la définition de l'essence, comme dans l'étymologie du mot propre de l'objet important de ce foible éloge.

Au reste, l'exportation des figues de l'Attique étoit défendue sous peine de mort; & le docteur, naturellement homme d'état, tenoit pour le grand & lumineux axiome: *liberté, cherté, concurrence*. Ainsi le droit politique, le droit des gens & la *science économique* dirigeoient le conseil de Xerxès, & les hardis travaux de sa formidable armée, en annonçant ce qu'il auroit tenté pour autre chose que pour des figues, prouvèrent dès-lors l'utile vérité découverte par un moderne, que le génie « opère sur les cerveaux & sur le globe. »

CHAPITRE VIII.

Application très-honorable.

AUJOURD'HUI qu'une femme charmante ruine son mari pour payer les faveurs enviées, & doubler l'opulence d'un histrion, ou pour enlever à ses rivales un insatiable & *délicieux* chevalier d'industrie ; qu'un marquis vende, consume, dévore châteaux, bois de haute-futaie, terres, contrats, les successions qu'il attend ; qu'il emprunte ; soyons plus exacts, qu'il dérobe des sommes qu'il lui sera impossible de rendre ; qu'il se porte à ces extrémités où nos pères auroient perdu la tête ; qu'il s'y précipite en faisant des jaloux ; qu'il affame gaiement vingt, trente, cent familles laborieuses, & cela pour disputer à des *roués* comme lui, une chenille, une araignée, un sapajou, un monstre, une *fille*, décidément & scandaleusement *fille*, bien sotte, bien méchante, bien insolente, bien gâtée, quelque sens qu'on donne à ce mot, & qui, en se moquant du marquis le jour même qu'il s'en

Application très-honorable. 47

charge, rit dans les bras du laquais de la prodigue nullité du maître. . . . Voilà des impertinences pommées, achevées, parfaites, du dernier goût, du bon genre, dont la multiplicité honore le siècle des lumières.

De semblables procédés deviennent tous les jours plus communs & plus faciles à toute personne, suivant ses moyens & dans sa classe. Cette gloire est à la portée de chaque femme, que l'essor de ses idées élève au-dessus des préjugés de son état ; parmi les bourgeois même, toute femme aussi raisonnable a sa coterie qui l'exalte, ses philosophes qui la dirigent & l'encouragent, ses poètes qui raillent ingénieusement sa patrone le jour de sa fête, & forcent les vertus à rendre hommage aux vices. D'autres succès aussi flatteurs sont également sous la main de tout homme qui veut se faire un nom dans nos sociétés. On pousse à tout, on prône, on s'arrache les jeunes gens *comme il faut*, qui singent le mieux qu'ils peuvent, les intéressans coryphées de la *rouerie*, seuls modèles dont l'imitation servile tire un particulier de la lie du peuple.

L'exemple de Xerxès ne pouvoit être suivi que

de sort peu de personnes (Nous prions nos lecteurs de méditer, pendant quelques secondes, ce rapprochement très-philosophique;) mais ce qu'il y a de moral, de bon, de vraie sociabilité, de génie enfin dans cet exemple, se reproduit tous les jours à la gloire des plus minces de nos *agréables* à la mode, qui le perfectionnent tellement, qu'il n'y a qu'un *penseur* exercé qui puisse le reconnoître.

On avoit l'honneur de combattre, de se faire écharper pour Xerxès, pour son médecin, pour des figues; le bourgeois se ruine, s'épuise, se ronge, met ses hardes au mont-de-piété, pour avoir l'honneur de fournir ou son travail, le fruit de ses sueurs & de ses veilles, ou sa marchandise à crédit, à un *élégant* qui nourrit des chiens, des chevaux, des valets & des catins. Là les blessés mourroient dans quelque hôpital militaire, s'il y en avoit d'établis; ici les ruinés vont mourir à l'hôtel-dieu, ou sur la paille, dans un coin de prison, loin des yeux de l'homme du monde, à qui l'on n'en dit rien, pour ménager son extrême sensibilité. Ce que le fait moderne a de meilleur, c'est qu'il se renouvelle journellement; au lieu qu'on n'a pas souvent l'occasion & la faculté de fatiguer ou d'exterminer trois cents mille hommes, pour satisfaire à la fantaisie d'un médecin. Il est bon, au surplus, d'être *grec* ici comme en Perse.

CHAPITRE IX.

Monumens syriens.

L'IMPERTINENCE des Syriens est la plus manifestement ancienne de toutes celles qu'on peut nommer publiques & nationales, si l'on en juge d'après la nature de leurs monumens, & d'après l'influence ou plutôt l'ascendant qu'elle eut sur la morale & sur la raison de tous les temps. Dans le parvis, ou dans l'une des cours du temple d'Héliopolis, la ville sainte, temple de la déesse Syrienne, étoient élevés, dit l'Histoire universelle (1), des *phalli* hauts de trois cents brasses. Est-il possible, s'écrieront les savantes qui n'ignorent pas ce que c'est que des *phalli!* Quelques auteurs ne leur donnent que trois cents coudées. Réduits à cette mesure, ces monumens nous paroissent d'une grandeur honnête.

Dans leur fervente dévotion pour la divinité du

___

(1) *Histoire universelle, traduite de l'anglois, par une société de gens des lettres*, in-8°. Paris & Liège, 1780.

lieu, les pélerins venoient se hucher sur ces *phalli*; ils y faisoient des neuvaines, durant lesquelles ils ne dormoient pas, & vivoient là des dons qu'on attachoit à une chaîne qu'ils laissoient pendre. De pareils symboles, érigés dans le parvis du temple d'une déesse, ne seroient-ils point l'emblême de l'impertinence déployant toute sa majesté ?

Cette antiquité, nous ne pouvons en disconvenir, ni nous abstenir de le répéter en terminant ce chapitre, offre des *coups de lumière* qui étonnent même l'observateur le plus ébloui des perfections modernes.

CHAPITRE X.
Béel-Péor.

Pour les Moabites & les Madianites, ils adoroient une idole nommée Béel-Péor, Baal-Péor, Baal-Phlégor, ou Bel-Phégor. Nous rapportons tous ces noms, pour que le lecteur puisse choisir celui qui lui plaira. Cette idole avoit toujours la bouche ouverte; & les fidèles venoient en toute dévotion y déposer immédiatement le résidu des alimens que la digestion n'approprioit pas à leur substance.

Salomon Jarchi s'exprime en latin plus philosophiquement que nous n'oserions nous le permettre en françois, tant le goût du vrai, du simple, du naturel se propage & gagne avec lenteur, malgré les progrès que fait l'urbanité dans les conversations & dans les brochures, où l'on a le bon esprit de raisonner ou de badiner assez librement de tout. *Eò quod*, dit-il, *distendebant, coram illo foramen podicis & stercus offerebant*. (1)

---

(1) *Salomon Jarchi*, sur le verset 3 du Chap. V des *Nombres*.

Qui ne voit dans ce culte fouverainement impertinent une figure myftérieufe alors, une image expreffive aujourd'hui du philofophifme adorant fa nature tout à la fois inerte, impaffible, phyfique & active, fenfible, intelligente; fa nature qui, felon lui, produit tout & abforbe tout? Qui ne reconnoîtroit dans cet emblême nos efprits forts, portant leur tribut d'hommage & une offrande caractériftique à cette force expanfive & aveugle qui, fuivant leurs fyftêmes, vivifie tout & fe nourrit de deftruction, à ce hafard éternel qui préfide fi fagement, fans voir, fans connoître, fans rien faire, fans exiftence même, à la diffémination & à la conglomération *fortuite* & *raifonnée* des atomes inanimés & des molécules organiques dont fe compofent indifféremment un arbre, un poiffon, un zèbre ou un *penfeur?*

Combien de brochures, de pamphlets ou de gros volumes, imprimés à l'honneur de ces idoles du philofophifme, font dignes d'être affimilés pour ce qu'ils contiennent, aux offrandes des Madianites & des Moabites à leur feigneur Péor !

Ce coloffe à la bouche béante, qu'on remplit de fi bonnes chofes fans le raffafier, ne feroit-ce point auffi le public repu de philofophie, de matérialifme, &c. &c. ? La reffemblance eft frappante; & plus on y réfléchira, plus on fera perfuadé que l'impertinence acquiert à tout moment un nouveau degré de vénération : en excerçant fes droits elle les augmente.

CHAPITRE XI.

Philosophes de tous les temps.

NE nous engageons pas à énumérer toutes les impertinences des philosophes anciens; n'étoit-ce point en eux que brilloit tout ce que l'espèce humaine possédoit alors de génie & de raison acquise? ces hommes extraordinaires doivent être considérés comme une sorte de pressentiment, qu'avoit l'antiquité, du siècle auquel il étoit réservé d'éclipser les plus beaux siècles; ils offroient le trait au crayon d'un tableau exécuté de nos jours avec de merveilleuses couleurs. En envisageant les *penseurs* des différens âges sous ce point de vue, on apprend à les estimer sans jalousie, à les admirer même par un mouvement d'intérêt personnel, & à ne plus témoigner de surprise lorsqu'ils font ou disent quelque impertinence.

Marcus T. Varro, que Cicéron appèle *le seul romain* de son temps, ce célèbre philologue, qui sembloit faire oublier que l'esprit de l'homme eût des bornes, auteur de satyres dont il ne nous reste que des fragmens, Varro a dit en vers latins : « Un malade en délire ne peut rêver aucune » absurdité, que quelque philosophe ne l'ait grave= » ment soutenue. » On apperçoit aisément que c'étoit un de ces auteurs caustiques, de ces censeurs impitoyables qu'on n'aime plus à présent, & pour cause; car l'indulgence philosophique a des motifs connus, & ce n'est pas sans de fortes raisons qu'on applaudit aujourd'hui à tant de charmantes platitudes, à tant de sublimes absurdités.

Le dangereux, ou bien plutôt le méprisable succès des critiques de profession tient à presque rien, & l'on connoît leurs petites ruses. Un mot pour un autre, le sens d'un mot un peu détourné, telles furent toujours leurs plus terribles batteries. Dès qu'on ose regarder leur canon, on cesse de le craindre; dès qu'on le touche, on le tourne contre eux-mêmes ou on l'encloue. Par exemple, à l'expression choquante d'*absurdité*, substituez le mot *impertinence*, pris dans le sens que nous revendiquons pour ce mot si long-temps calomnié, pris dans cette acception juste & favorable qui fait parmi nous la fortune méritée des mots *roué*, *noirceur*, &c, & vous verrez qu'à sa manie près de dénigrer, commune à tous les fatyriques, Marcus T. Varro juftifioit l'éloge de Cicéron, & apprécioit exactement les philofophes anciens qui n'étoient pas dignes de luftrer l'efcarpin de peau de chèvre des nôtres : car la philofophie a fièrement avancé, depuis quelques années fur-tout, foit dit fans nuire au mérite des anciens.

Ariftote foutient qu'il n'y a rien à efpérer ni à craindre après la mort (1). L'un des principes de l'école de Zénon étoit, que l'ame & le corps meurent enfemble, & les Stoïciens l'ont enfeigné (2). Peut-être ne fentira-t-on pas affez combien cette impertinence de théorie eft féconde en impertinences pratiques : c'eft pourtant le germe de la plupart de celles qui pullulent de tout côté fous mille formes diverfes. Lorfque Ariftote dit que *l'ame eft une fubftance qui fubfifte par fa forme* (3), il a beau avancer ce que les écrivains fatyriques & malveuillans nomment crûment une *abfurdité*; il n'en donne pas moins le principe fondamental

---

(1) *Eth. ad Nicom. Lib. III, cap. VI.*
(2) *Plutarq. de Placitis Philofophorum. Lib. IV, cap. VII.*
(3) *Lib. II. de Anim. cap. I & II.*

du *Systéme de la Nature*, de ce livre qui a tant fait de bruit, & d'un nombre infini d'ouvrages qui n'en font guère, mais dont les courageux auteurs ne laissent pas d'être les illustres champions de la vérité contre les *préjugés*, contre la *superstition*, le *fanatisme*, & contre tant d'autres monstres, assommés par la massue de ces nouveaux Hercules.

A côté de cette impertinence-mère, si l'on peut parler ainsi, figurent à peine celles du chef des cyniques, des philosophes *chiens* ou des chiens de philosophes, à traduire littéralement le mot *cynique*; d'Antisthène qui vouloit qu'on mît bas toute honte; de Cratès qui consomma son mariage au milieu du *Stoa* ou portique; de Diogène, que la Laïs de son temps, plus zélée que les nôtres pour la philosophie, recevoit *gratis*, comme les médecins traitent les pauvres, observe Bayle; de Lucippe, copié depuis par Epicure, qui ne s'en vanta pas plus que nos inventeurs de monades & de molécules organiques ne se vantent de les avoir empruntées de Lucippe ou de ces orientaux que le fameux Maimonides appeloit *les parlans*, peut-être, en arabe, *les hableurs*. Lucippe & ces *parlans* enseignoient aux oisifs que chaque atome des corps vivans est vivant, que chaque atome des corps sensibles est sensible, & que l'entendement réside dans un atome.

Nos lecteurs connoissent, sans doute, ou peuvent faire semblant de connoître les impertinences de cet Epicure qui mit finement l'honnêteté dans le plaisir pour que tout le monde s'empressât d'être honnête, & qui fabriqua l'ame humaine d'atomes libres qui se penchent ; celles des créateurs de l'*époque* & de l'*acatalepsie* (1), qui sont si visiblement les deux clefs de toutes les sciences; celles de Xénophane de Colophon, qui disoit que Dieu étoit rond comme une boule, & que Dieu voyoit tout sans respirer ; celles de Zénon, qui nioit la possibilité du mouvement, en se promenant avec les dociles admirateurs de sa logique; celles de Démocrite, qui différa si poliment de quelques jours sa mort naturelle, pour que son deuil n'empêchât pas sa sœur d'assister aux fêtes de Cérès; celles d'Héraclite, le prototype du beau larmoyant;

---

(1) De l'*Incertitude* & de l'*Incompréhensibilité*.

celles de Pythagore, qui fe fouvenoit fi nettement d'avoir été quatre ou cinq perfonnes, & d'être mort autant de fois pour revivre, preuves de fa métempfycofe auxquelles il n'y avoit rien à repliquer.

Rappelerons-nous celles de Carnéade, qui fe brouilla avec fon difciple Mentor parce que celui-ci fut furpris dans le lit de la fervante & maîtreffe du philofophe, feul article au fujet duquel Carnéade ne voulut pas douter de ce qu'il voyoit; celles de Chryfippe, qui trouvoit fingulier qu'on ne mangeât pas des cadavres, qui approuvoit la communauté des femmes comme Lycurgue permettoit aux vieillards de prêter la leur; de Chryfippe, qui ordonnoit qu'on choisît des nourrices favantes, excellente idée qu'une de nos dames a conçue elle-même, en converfant avec un *penfeur*, & qu'elle a mife fupérieurement en œuvre; car elle s'eft abonnée au Lycée quelques femaines avant d'accoucher, & elle donne à préfent le fein à fon enfant au milieu des lectures *priées* qu'on fait chez elle? Les amis de l'humanité ouvriront bientôt une foufcription pour un bureau de nourrices favantes, nos dames favantes n'ayant que fort peu de lait & pas un inftant de loifir.

A tant d'impertinences, qui forment le fond de nos bibliothèques, & qu'on nous pardonnera de n'indiquer que de loin & si rapidement, ajouterons-nous celles du ténébreux Plotin, presqu'aussi inintelligibles que nos *Interprétations de la Nature* & notre *Ordre essentiel*, &c. & qui crut qu'il n'étoit pas de la dignité d'un philosophe de recevoir un lavement; celles du médecin Paracelse, qui mourut dans la vigueur de l'âge, pour n'avoir pu se décider bien positivement sur le terme précis auquel il lui convenoit de prolonger sa vie au moyen de son élixir dont l'effet infaillible eût été, selon lui, de le faire vivre autant qu'il auroit voulu, même pendant plusieurs siècles, &c. &c. &c. ?

Toutes ces diverses opinions, où des yeux fascinés ne voient que des extravagances, étoient l'ébauche d'une philosophie que la nature, qui essayoit alors sa *vertu plastique*, devoit achever pour notre bonheur & pour notre gloire incomparables.

CHAPITRE XII.

Supériorité des Modernes.

CES atomes, qui se donnent volontairement des airs penchés, ont-ils, quoique très-ingénieux, la millième partie de la sagacité & de l'adresse que doivent avoir les molécules organiques moulées dans chaque membre des père & mère, qui vont chacune à sa place, & sans confusion, composer les membres de l'enfant, de manière que les molécules moulées en portion de grand nez, se donnent un rendez-vous pour former une portion de petit nez, leur moule répondant à la fois aux deux mesures ? si ces molécules n'étoient pleines de génie, elles ne se tireroient jamais d'affaire ; il en résulteroit d'éternelles cacophonies ; elles auroient beaucoup plus de peine à s'arranger ainsi à tâtons, que le philosophe n'en eut à inventer son systéme. Aussi les atomes inclinés, vivans ou sensibles font-ils un sot personnage auprès des monades jetées au moule.

L'*époque* & l'*acatalepsie* se bornoient à certaines

formules de raisonnement captieuses & particulières à ceux qui philosophoient ainsi. Dire, *je ne suis pas convaincu, je n'entends pas, j'ignore*, ce n'étoit point dire : *il n'y a rien, telle chose n'a jamais existé.* Nos modernes sont assurés de tout, comprennent tout, savent tout ; il ne s'agit avec eux que d'encyclopédie. Ils affirment pour prouver, nient pour réfuter ; leurs assertions ont l'infaillibilité des oracles ; leur persifflage est un glaive, un foudre : nous n'avons plus qu'à les adorer. Ce sont bien d'autres hommes que les raisonneurs de l'antiquité.

Que Dieu soit rond ou quadrangulaire, qu'il respire ou non, il ne s'ensuit pas nécessairement qu'il ne récompense, ni ne punisse. Or, cette alternative est l'écueil, l'épouvantail de la philosophie sensuelle. Nos sages ont pris leur parti. Démontrez tant qu'il vous plaira, ils ne croient qu'au hasard, à ses chances qui amènent tout moyennant plus ou moins de zéros ; à la nature avec laquelle on fait ce qu'on veut, à l'organisation dont on fait ce qu'on peut. La différence essentielle qu'ils ont enfin découverte entre un *penseur* & un cheval, c'est que le *penseur* a cinq doigts à chaque main & fe coupe les ongles, au lieu que le cheval n'a que des fabots qui l'empêchent d'être philofophe (1). Mais revenons à la métaphyfique & à la morale qu'on a trouvé le fecret d'enrichir de toutes leurs pertes : ce paradoxe eft la *filique* d'une vérité du premier ordre; car on ne penfe tant & fi bien, que dans la louable intention de fe mieux conduire.

Diagoras l'athée fit un ouvrage intitulé : *Difcours qui renverfent les tours*, ou *qui précipitent du haut des tours*; fon titre annonçoit d'avance le deffein de décoiffer Cybèle, la mère des dieux; mais il ne compofa pas, comme tel de nos auteurs, une fuite non interrompue de ces petites brochures de poche que chaque jour voit éclorre par milliers, qui harcèlent le bon fens & la piété dans prefque tous les momens de la vie & dans tous les coins d'une ville; qui répandent le farcafme & la dérifion fur les objets jadis les plus facrés; & qu'on lit aujourd'hui jufqu'au tour du poêle des antichambres, tant le génie bienfaifant & ricaneur fe proportionne à la capacité de tout le monde. Un

---

(1) L'ouvrage intitulé : *de l'Efprit.*

Diagoras n'eut vraifemblablement que peu de difciples; tout *penfe* à préfent, même la livrée.

Si quelques anciens ont préféré la communauté des femmes au mariage, nos moraliftes à la mode ne font nullement en refte avec eux à cet égard, quoiqu'ils foient conduits par des maximes & des vues différentes. Ceux-ci détruifent tout fcrupule, relâchent ou rompent tous les nœuds, flattent tous les goûts, toutes les fantaifies, font de l'adultère la reffource du célibat philofophique; ne voient dans les liens du fang que des relations de befoin qui n'excluent moralement aucune efpèce de volupté poffible; & s'ils laiffent encore fubfifter une diftinction entre crime & vertu, ils n'en jugent que par l'intérêt perfonnel, règle flexible, maniable, commode, qui difpenfe de confulter des loix, des devoirs, ou des cafuiftes.

Cratès fe livroit en cynique, fous les yeux des Athéniens, aux tranfports d'amour que lui infpiroit fa femme; nos *élégans* rougiroient de fe montrer en public avec la leur: ne feroit-ce point deux conféquences du même principe, du mépris de ce que nos aïeux appeloient les mœurs ? &

E

pour un Cratès que l'histoire cite, combien de maris ne citerions-nous pas ! ou plutôt, convenons que ceux qui ont le front de témoigner de la tendresse à leur femme dans la société sont très-rares, & que nos *merveilleux* en font bonne & prompte justice.

Lycurgue, en mettant sur le compte du législateur l'impertinence civile dont ce génie entrevoyoit la nécessité, voulut que les jeunes filles portassent une robe assez fendue pour qu'on leur vît la cuisse, & que tout vieillard prêtât sa femme. A Sparte la loi prévenoit les inclinations, chez nous les inclinations transgressent les loix. Nous lorgnons des actrices qui jouent des pantomimes en beau & fin caleçon bien tendu, de couleur de chair ; des danseuses dont le jupon court s'élève en tournoyant presqu'au niveau des hanches ; des dames décentes qui étalent leur gorge à la toilette ou dans un cercle, & qui montrent un peu plus qu'une jarretière, en escaladant lestement à la hauteur d'un wiski ; nos vieillards n'ont que faire de prêter ce qu'on a depuis si long-temps en se moquant d'eux ; & nos estampes, nos peintures de boudoirs, nos conversations, nos lectures & nos tête-à-tête nous blafent fi bien, que les nudités ne font plus dangereufes.

Quelle diftance n'y a-t-il point des cyniques anciens aux nôtres ? toute celle qui fe trouve entre le mot *chien* & le mot *roué*. En effet, les marches du *Stoa* n'étoient pas celles d'un temple ; & la favante Hipparchia ne mêloit à fes plaifirs ni l'adultère, ni le facrilège. Les vers, la profe, les gravures de nos modernes enfeignent publiquement l'un & l'autre, & portent même les derniers excès de la débauche jufqu'au pied des autels. Pour ce qui eft du refpect humain, de la décence politique, des proftituées fans nombre circulent ou fe tiennent en embufcade dans toutes les rues de nos grandes villes, y follicitent tout haut, y provoquent la lubricité des paffans fous les fenêtres du bourgeois qui rançonne ces nymphes, & dont la fille fera plutôt inftruite que nubile.

Ces anciens qui fréquentoient, qui eftimoient fi philofophiquement les courtifannes, car il faut être jufte, conçurent ils jamais le projet d'en inftituer, d'en fonder des féminaires? imaginèrent-ils un *pornographe* & des *parthénions*, des maifons, des communautés de proftitution, à des prix fixes

& raisonnables, où les femmes publiques rempliroient avec honneur les devoirs de leur état, formeroient des élèves, admettroient parmi elles, pour une ou plusieurs séances, la femme honnête qui voudroit concourir au bien public en gardant l'anonyme, & qui, à la fin de leur glorieuse carrière, pourroient compter sur une retraite digne des services qu'elles auroient rendus à la nation? Un si beau projet ne devoit éclorre que dans le siècle des lumières.

En parcourant les annales de l'impertinence, en recherchant soigneusement quel fut le sort qu'elle éprouva d'âge en âge, de contrée en contrée, nous verrions par-tout un vigoureux sauvageon, qui pousse des jets, de folles tiges que la pédagogie mutile; à qui les soins de l'ancienne philosophie font produire des bourgeons de la plus riante espérance qu'un essaim de préjugés dévore, & qui, destiné à ne prospérer que dans les serres chaudes de la philosophie moderne, s'y enorgueillit de rameaux superbes chargés de feuilles, de fleurs & de fruits.

✱

CHAPITRE XIII.

Hommes & Peuples.

Qu'on ne croie pas que la qualité ou la faculté intellectuelle & morale, qui est le sujet de cet éloge, n'ait été de tout temps que le partage obscur de quelques individus clair-semés sur le globe & *dans la durée;* qu'elle doive son origine à une innovation, à un changement artificiel des habitudes originelles de l'espèce humaine, en qui ce ne seroit plus dès-lors qu'une disposition factice & acquise. Point du tout. L'homme apporte en naissant les plus heureuses inclinations naturelles pour l'impertinence, une prédilection marquée & presque innée pour la non-appartenance, les non-convenances & la confusion des rapports, soit logiques, soit moraux. Des familles, des sectes, des peuplades, des villes, des empires en sont susceptibles, à leur manière, autant que tel ou tel particulier; & s'ils n'en ont faifi que certains côtés, s'ils n'y ont pas atteint cet enfemble qui peut feul en exclure la barbarie, il ne faut s'en prendre qu'aux circonftances où ils étoient, qu'à ces obftacles que tout ce qui eft bon, vrai, beau, fage, devoit éprouver jufqu'à l'avénement du génie philofophique.

Nous avons affez cité l'Egypte & la Grèce, les deux berceaux de la fageffe, berceaux où elle ne fit que bégayer, puifqu'il eft prouvé qu'elle n'a véritablement parlé que parmi nous & depuis que nous l'avons tirée des langes d'une fi longue enfance. On connoît de réputation Babylone, Sybaris, &c. Rome fut fi fouvent louée, que ce n'eft guère la peine d'y revenir. Tarquin s'y fit un nom; mais on ne raffoloit pas encore des *roués;* & Lucrèce, en fe tuant, prouva que les dames concouroient alors de fort mauvaife grace aux progrès de la civilifation.

La façon dont Rome traita toutes les nations, les vaincre, les foumettre pour s'agrandir au point de devoir s'écrouler, fe diffoudre fous fon propre poids, *nec se Roma ferens*; voilà, sans contredit, une héroïque impertinence de peuple. S. P. Q. R., tel fut le chiffre respecté du plus grand impertinent collectif qu'ait vu le monde étonné. Un géant nerveux au large estomac, vole, brise, saccage, engloutit, jusqu'à ce qu'il en crève surchargé d'humeurs viciées ; c'est, en peu de mots, l'histoire de la république ; & quelques empereurs, Tibère, Caligula, Néron, Vitellius, Héliogabale, renchérirent depuis, pour leur personne & pour leur cour, sur tout ce qu'avoit promis Rome par une conduite si raisonnable & si honnête.

Mais tous ces grands phénomènes, si parfaits en eux-mêmes, ne pouvoient exister que seuls, ne formoient que des masses isolées ; & le sublime de l'impertinence sociale, du savoir-vivre d'à présent, est de se mesurer aux moyens de chaque individu, pour se communiquer sans effort & de proche en proche, à toutes les classes. Ne comptons donc ici ni les entreprises, ni les jouissances, les voluptés & la gloire, qui demandoient une puissance absolue, ou les dépouilles de tout le monde connu ; ni les guerres commencées par caprice, & soutenues par entêtement, quoiqu'elles offrent à l'œil obfervateur l'élément radical de nos intrigues domeftiques & de coterie ; quoique le fer & le libelle, le meurtre & la calomnie, le pillage & nos *jeux d'enfer*, les efcarmouches & le perfifflage, cet ancien droit des gens, & nos charmantes *noirceurs*, aient de fingulières analogies.

Reftreignons-nous, pour le moment, aux non-appartenances, aux non-convenances, à ce mépris de tout rapport, que les peuples comme les individus, les doctes & les ignorans affectèrent toujours fi volontiers, non-feulement dans leur conduite, mais auffi dans leurs fpéculations vides, dans leurs théories creufes, qui n'ont aucune affinité avec leurs befoins moraux ou phyfiques. Plus cette forte d'impertinence tiendra par fes racines à l'origine des fociétés, plus les effets en feront gratuits, plus nous aurons de motifs de la croire naturelle & univerfelle, quelqu'imparfaite qu'elle foit lorfque le génie ne l'a pas encore cultivée. S'il en eft par-tout de cette efpèce, concluons que celles qui ont pour bafe l'intérêt & l'orgueil, pour ftimulans tous les genres de cupidité, auront pullulé par-tout en abondance, jufqu'à ce qu'enfin la philofophie fenfuelle, en ayant mitigé la rudeffe primitive, en n'en prenant que l'efprit, le baume, le parfum, en ait fait de nos jours & dans nos capitales, l'art, le mérite & le bonheur fuprême de la vie, les trois dons ineftimables d'ofer tout, de railler de tout, & d'abufer de tout.

CHAPITRE XIV.

Docteurs Japonois.

De tous temps, en tous lieux, les hommes se sont beaucoup moins soucié de bien savoir ce qu'ils devoient faire, que de deviner comment avoit été créé & peuplé le monde. On retrouve sous tous les climats notre ingénieuse manie de *métaphysiquer* physiquement, au lieu d'examiner ce qui nous est le plus indispensable ; cette manie d'expliquer au lieu d'entendre, de savoir avant d'étudier, & de savoir ainsi pour raconter, pour babiller, & non pour se mieux connoître. Il étoit difficile, peut-être impossible, de donner à la science humaine une direction qui bouleversât un plus grand nombre de rapports, & qui menât, par conséquent, plus sûrement à de nombreuses & fécondes impertinences. Si nos *penseurs* modernes étoient les premiers des hommes, ils ne débuteroient pas plus philosophiquement.

Les Sintoïstes, docteurs japonois, expliquent ainsi l'origine du monde d'après le *Sinto* ou Kamisnitzi, première tradition du pays : « Au commencement
» de l'ouverture de toutes choses, disent-ils avec la
» gravité requise, un chaos étoit flottant comme les
» poissons qui nagent dans l'eau pour leur plaisir.
» De ce chaos sortit une chose faite comme une
» épine, qui pouvoit se mouvoir & se transfor-
» mer. Cela devint un esprit qui s'appelle *Kuni-*
» *tokodatsno-Mikotto* (1). » *Mikotto* signifie vrai-semblablement *esprit.* Les Japonois se croient issus de ces esprits devenus corporels ou revêtus de corps par gradation.

Isanagi-no-Mikotto, le septième des esprits purs, & sa chaste compagne, esprit pur aussi, mais du genre féminin, nommée *Isanami-no-Mikotto*, virent un jour l'oiseau *Isitataki* s'accouplant avec sa femelle; quel spectacle pour des *Mikotto* qui, jusques-là,

---

(1) *The History of Japan*, London, in-fol. 1727. Traduction faite sur le manuscrit allemand d'*Engelbertus Kæmpfer*, par M. G. *Scheuchzer*.

soit innocence, soit mal-adresse, ne s'étoient sans doute multipliés que de bouture ou par étranglement à la manière des polypes! De l'expérience métaphysique, qu'à l'exemple des deux *Isitataki* les deux esprits tentèrent en cédant à un mouvement de curiosité fort louable, & qui montroit peu d'opiniâtreté dans les anciens usages, de cette expérience hasardée naquirent des demi-*Mikotto*, qui donnèrent naissance à la dynastie qui règne sur le Japon.

Cette explication, où l'on voit si clairement le *comment* de chaque chose, *comme les poissons, comme une épine, comme un oiseau*, joint à son exactitude descriptive le ton d'assurance & d'affirmation qui fait, en grande partie, la force des preuves de la philosophie à la mode.

Si les *Sintoïstes* vivoient parmi nous, s'ils avoient des pensions, des titres littéraires, quelques journaux à leurs ordres, il y auroit du bon, du lumineux dans leur doctrine; sur-tout s'ils parvenoient à capter les suffrages du sexe enchanteur formé pour consoler, diriger, éclairer, illustrer, &

couronner l'autre ; les fuffrages de nos favantes protectrices, arbitres de tout, & à qui les docteurs & les oifeaux n'ont plus rien à enfeigner. Mais les Iroquois, on ne s'en douteroit pas, font plus mûrs au génie que les Japonois.

CHAPITRE XV.

Docteurs Iroquois.

Voici ce que les Iroquois racontent aux curieux sur l'origine de la terre & sur leur origine. Nous sommes forcés de convenir que leur syftême n'est pas si iroquois, ou que d'autres qu'on vante pourroient bien l'être tout autant. Au reste, en nous accrochant ici à de la cosmogonie, nous tâchons de prendre notre sujet à la source & dans toute son étendue : le lecteur descendra, s'il veut, de cette hauteur de pensées, au détail de ce qui l'entoure journellement ; il y parviendra sans accident, suivant les meilleurs renseignemens philosophiques, en glissant le long de cette chaîne d'or ou de diamant qui tient au trône de la nature, unit tous les êtres, entoure l'espace & touche, par l'autre extrémité, au fond de l'abyme.... Revenons aux Iroquois de l'Amérique.

« Dans le commencement, il y avoit, disent-ils aussi sérieusement qu'on nous parle aujourd'hui de choc de comète, de disque ébréché, de fragmens de globe élancés dans l'éther, arrondis on ne fait comment, & auxquels il faut ni plus ni moins de tant de milliers de siècles pour se refroidir & pour passer de l'état de vitrification à l'état de planète végétante & habitée.... Aux Iroquois dont nous voulions parler.

« Dans le commencement, disent-ils, il y avoit » six hommes. » Ce fait n'est pas plus difficile à croire que l'éternité de la matière : d'ailleurs les peuples du Pérou & du Brésil sont tous d'accord sur le nombre de six. D'où étoient venus les hommes du commencement, c'est ce que tous avouent qu'ils ignorent. Ils montrent en cela leur peu de philosophie ; car un philosophe, fût-il iroquois, ne doit rien ignorer. Mais voici de quoi compenser cette ignorance.

« Il n'y avoit point encore de terre ; ces six » hommes erroient au gré des vents. » Probablement ces patriarches ballons avoient beaucoup de gaz dans la tête ; c'est ainsi que les découvertes modernes portent la lumière jusques dans les systêmes des Iroquois. Leurs six hommes, n'ayant pas de femmes, prévirent que leur race périroit avec eux, s'ils n'y mettoient ordre ; ces célibataires raisonnoient solidement, quoique toujours en l'air, comme les nôtres; & l'on verra bientôt qu'ils s'occupèrent de séduction, ce qui complète la ressemblance.

Enfin, ils apprirent, on ne dit pas où, qu'il existoit une femme dans le ciel. Décidés à tenter l'aventure par députation, ils tinrent conseil, une espèce de *club* volant, & il fut résolu, par une motion unanime, que le plus beau & le plus spirituel d'entr'eux, nommé *Hagouaho*, c'est-à-dire, *loup*, (on n'avoit encore pu imaginer le mot euphonique de *roué*) se transporteroit auprès de la belle. Ignorant qu'il falloit jeter du lest pour monter, & perdre du gaz pour descendre, l'aéronaute auroit été fort embarrassé, si les oiseaux, de concert, ne l'avoient élevé jusques-là, en lui faisant de leurs corps rapprochés un bon lit de repos & de voyage.

Quand *Hagouaho* fut arrivé, il attendit à l'ombre au pied d'un arbre que la jeune personne sortît, à son ordinaire, pour aller remplir sa cruche à une fontaine voisine du lieu où il s'étoit arrêté. Elle ne manqua pas d'y venir; n'eût-elle eu aucun besoin d'eau, elle y seroit venue, tant le hasard se complaît à faciliter certaines rencontres; on est

d'ailleurs

d'ailleurs bien aife de voir de près un lit d'oifeaux. *Hagouaho* lia fort civilement une engageante converfation avec cette beauté célefte, & il lui fit... oferons-nous l'écrire ? nos dames vont en être révoltées. Il lui fit un préfent de graiffe d'ours. C'étoit de la pommade ? Eh ! point du tout ; une forte de bonbon iroquois, que les jeunes femmes du ciel aimoient éperdument, & dont les hommes volans avoient toujours une bonbonnière toute pleine, avant qu'il y eut ni ours, ni forêts, ni terre ; ce qu'il y a de bien sûr, dans l'hiftoire, c'eft que la friande en goûta.

« Femme curieufe, qui aime à caufer & qui reçoit » des préfens, ne difpute pas long-temps la vic- » toire, » obferve à ce fujet un auteur impartial, un favant jéfuite qui s'eft propofé de nous montrer toutes nos vérités à travers les coutumes & les opinions des Sauvages (1). Cette caufeufe fut foible dans le ciel même, & fe laiffa féduire, ce qui fâcha tellement le maître ou le feigneur de l'endroit, qu'il la précipita du haut en bas ; mais elle tomba fur le dos

---

(1) *Mœurs des fauvages américains, comparées aux mœurs des premiers temps*, par le R. P. *Lafitau*, in-4°. Tome I.

F

d'une tortue. Quelques poiſſons puiſèrent de l'argille au fond des eaux qui couloient ſur rien ou dans l'air, puiſque la terre n'exiſtoit pas encore; & ils formèrent *ainſi* une île qui s'accrut peu à peu : cette île où la femme de *Loup* eut des enfans qui ſe battirent & en firent qui déraiſonnèrent, devint la terre que nous voyons & que nous habitons aujourd'hui.

CHAPITRE XVI.

Il y en a bien d'autres.

C'est inconteſtablement ici le cas, ou jamais il ne ſe préſentera, de s'écrier : quelle impertinente hiſtoire !

Quelle non-appartenance d'un effet à ſa cauſe ! quelle non-convenance de chaque partie à toutes, de toutes à chacune ! quelle incohérence de notions vagues & ſuperficielles ! quel chaos ! quel oubli de tous les rapports ! Reconnoiſſons avec franchiſe que l'inſtinct des hordes ſauvages eſt l'intéreſſant prélude du génie philoſophique. Elles ont, pour uſer de l'heureuſe expreſſion de l'un de nos plus profonds *penſeurs*, un *ſentiment obtus* de ce que les peuples policés & mûrs auront, éprouveront, croiront, feront, admireront au grand jour des lumières.

Tant d'aſſertions hardies, dépourvues de raiſons ſuffiſantes, cette conviction ſur parole, ces explications de l'impoſſible, le célibat de ces ſix hommes aux têtes-ballons, leur légèreté, leur mobilité, leur vie errante; ce *roué*, ce *loup-homme*, cet *Hagouaho*, dont le nom est si bien prononcé par l'animal auquel on compara jadis les cyniques; ce petit-maître qui railla, sans doute avec tout l'esprit possible, la belle du jardin, sur le ton de réserve, sur les airs de pudeur qu'elle dut se donner d'abord, & sur son ridicule dévouement au vieux propriétaire; ce présent de graisse d'ours, le doux tiré de l'atroce, énigme morale, don figuratif, digne d'exercer la pénétration de nos Œdippe; cette curieuse si promptement éprise d'un beau parleur qui avoit vu le monde, ce premier père des *élégans*, qui vont depuis soufflant partout les femmes d'autrui; cette tortue devenue la consolé de la terre, pour avoir rendu service à une coquette qui, sans son secours, suivroit encore la même ligne dans l'immensité; ces poissons frétillans, si galamment officieux (1), qui s'empressent à l'envi de former, en barbotant dans la fange,

---

(1) Peut-être de l'espèce de ceux que Pline appelle *Scomber, Scombri*, fort communs & fort estimés dans nos parages. On n'entendra bien ceci qu'à l'aide d'un dictionnaire latin & françois.

un établissement à la beauté perfide, à une femme perdue.... ce tissu allégorique de paradoxes iroquois ne nous offre-t-il pas les premiers linéamens, les traits naissans mais caractérisés de nos usages actuels, de nos mœurs civilisées, de nos opinions flottantes & bizarres, des impertinences modernes, en un mot, du savoir-vivre par excellence?. . . . .

(*Il y a ici dans le manuscrit une page entièrement effacée.*)

CHAPITRE XVII.

Univerſalité des bons Principes.

LES eſprits hargneux, qui s'obſtineront à ne voir dans ces origines & explications japonnoiſes & iroquoiſes, comme dans beaucoup d'autres, que de l'abſurdité, de la démence, car il eſt des gens à qui les injures ne coûtent rien & qui croient faire parade de ſupériorité de jugement en les prodiguant, ſont invités à comparer ce qu'ils cenſurent ſi indiſcrètement, à la théogonie d'Héſiode, au chaos d'Ovide, à l'eau mère de tout, au feu père de tout dans le ſyſtême de tel rêve-creux de l'antiquité; à la mythologie ou *mykottologie* des Grecs adoptée par les Romains, depuis Cybèle ou la Terre, juſqu'à Cerbère que ſon immortalité place au rang des dieux.

Qu'ils comparent cette manière de peupler le monde, au larcin d'un Prométhée qui dérobe le feu du ciel, & qui en brûle le toupet de ſon homme pétri de boue, afin de lui donner une ame; à l'expédient de Deucalion & de Pyrrha qui font des hommes en ramaſſant des pierres & en ſe les jetant par-deſſus l'épaule, moyen auſſi immanquable de population que les tableaux & les zéros des adeptes de *la ſcience économique*; aux androgynes d'un ancien philoſophe; aux hommes-plantes, poiſſons, quadrupèdes, ſinges ou machines de nos *penſeurs*.

En quoi la tortue des Iroquois feroit-elle plus abſurde que l'Atlas, qui porte les cieux & tous les mondes ſur ſes épaules? des *Mikotto* ſucceſſivement revêtus de couches plus fortes de cet élément matériel qui tend à devenir un corps humain, ne ſont-ils pas auſſi plauſibles qu'un Jupiter métamorphoſé en cygne ou en taureau, qu'une Junon aux yeux de bœuf, qu'une Vénus qui naît comme une huître, &c.? Des hommes volans, ſont-ils plus étonnans que des cyclopes, des centaures; de ſatyres aux pieds de bouc; que des peuples acéphales, ou ſans tête, cynocéphales, ou à tête de chien, ſciopodes, ou n'ayant qu'une ſeule jambe, &c.? tels qu'en ſuppoſent Pline, Solin, Pomponius Mela, &c.

En écartant toute prévention, en domtant toute mauvaise humeur, on ne peut disconvenir qu'ici & là ce ne soient également les jeux de l'enfance du génie, qui n'a atteint que de nos jours, mais presque tout à la fois, sa puberté, sa virilité, sa maturité. S'il continue d'aller ce train, il arrivera bientôt à la caducité : tant pis pour nos enfans. Aussi n'en faisons-nous que le moins que nous pouvons. Au cas qu'ils doivent renoncer à inventer & à perfectionner, puissent-ils avoir la capacité de nous admirer & de jouir de nos découvertes ! il y a grande apparence qu'ils s'en tiendront là.

Qu'imaginer, en effet, après les molécules intelligentes & moulées, & le noyau de verre qui se refroidit, se couvre d'eau, de terre, d'herbes, d'arbres, d'animaux & de *penseurs ;* après le panacée impalpable & invisible qui guérit tant de maux incurables ; après le magnétisme animal ; après tout ce que nous apprennent nos somnambules si ignorans lorsqu'ils veillent ; après le moyen si utile de mettre une personne magnétisée *en rapport* avec un somnambule ; après le secret si constamment secret, de découvrir des flottes ennemies à deux cents cinquante lieues ; après les démonstrations & les raisons physiques de la faculté qu'ont certains yeux de voir ou des trésors ou des courans d'eau à travers plusieurs toises de terre ; après l'art si précieux de neutraliser les fosses d'aisance avec quelques gouttes ou quelques tonneaux de vinaigre ; après les sabots élastiques pour marcher sur l'eau, &c? Mais revenons à notre sujet ; c'est comme un océan de vérités, où, des sommets nébuleux de la philosophie, se rendent, par mille détours, tous les fleuves de la pensée.

Sans parcourir toutes les diverses parties du monde connu, en notant les impertinences informes qui attestent le penchant inné de l'humanité vers ce degré de civilisation & de sagesse pratique où commence à poindre ce que nous nommons l'impertinence parfaite ; sans rappeler ici tant d'opinions accréditées, de coutumes perpétuées, tant d'actions momentanées qui dérivent du même principe ; les nez applatis exprès pour qu'ils soient plus beaux ; les dents peintes en noir, les ongles peints en jaune, les joues & le front tatoués par un raffinement de bonne grace ; les têtes pétries en pointe ou en cube, les oreilles alongées, percées d'un trou à paſſer le bras, ou feſtonnées par eſprit national ou par coquetterie ; les anneaux, les petits bâtons ou les paquets de plumes enfilés dans l'entre-deux des narines, par vanité; les anneaux plus lourds que les bonzes & les fakirs s'attachent ailleurs qu'au bout du nez, par dévotion; l'incroyable régime & les habitudes ſi ſurprenantes de quelques talapoins ; l'opération que doit ſubir un hottentot qui veut ſe marier; la palatine de boyaux de bœuf qu'il porte juſqu'à ce qu'elle tombe en lambeaux, lorſqu'il a eu l'honneur d'être celui ſur qui s'eſt repoſé un hanneton, &c.; on ſe perſuade aiſément que l'inconſéquence raiſonnée fut toujours & en tout lieu ce qui diſtingua l'homme de la brute, & la même inconſéquence perfectionnée, ce qui diſtingue le philoſophe moderne du commun des hommes.

L'indépendance des idées eſt auſſi naturelle que l'indépendance des volontés. Pourquoi mes idées s'enchaîneroient-elles l'une à l'autre comme des forçats qu'on mène aux galères ? chacune en particulier ne pourra-t-elle déployer toute ſon activité, toute ſon énergie ſans en tenir l'ordre, ſans en recevoir la meſure de telle autre qui n'eſt pas plus qu'elle ? ne feront-elles pas plus libres & plus fortes, fi aucune loi defpotique ne les condamne à fe traîner fervilement fur la même ligne, fi leur plus grand nombre eft difpenfé de l'humiliant, de l'aviliffant devoir de n'avancer qu'autant & auffi peu que celle dont on veut n'en faire que des conféquences ? Toute efpèce d'efclavage ne produifit jamais que du mal : dans le cœur, il tue la vertu ; dans la tête, il tue le génie.

C'eft l'émancipation des idées, des volontés & des paffions, qui conftitue effentiellement la philofophie d'aujourd'hui, cette philofophie fublime, qui dit tout, juge de tout, ne refpecte & ne ménage rien; attaque les vieilles maximes, fape, confond, pulvérife tout ce qui la retarde ou la gêne; brife le double joug de la logique & de la confcience, avec cet air impératif qui ne fied bien qu'à la fille du génie, à fa fille chérie, née toute grande, qui ne connut pas comme lui le bégaiement, les vagiffemens & les infirmités d'une longue enfance. Fille toute fage que fon difcernement exquis a portée à rechercher, à protéger, à naturalifer dans la bonne compagnie, à prôner, illuftrer, adopter, s'affocier l'impertinence la plus digne & la plus reconnoissante de ses favorites. Mais livrons-nous un peu moins à notre enthousiasme, quelque raisonnable & philosophique qu'il soit, & tâchons de nous exprimer sans figure.

CHAPITRE XVIII.

Causes actuelles.

IL suffira de se rendre compte des causes de l'impertinence proprement dite & prise dans la seule acception raisonnable, de celle enfin qui est le savoir-vivre des gens *du bon ton*, pour apprécier avec quelque justesse les nations & les individus qui en reçurent & en conservèrent les semences, chez qui quelques grains en germèrent; semences que nous avons vu lever si prodigieusement & tout à-coup sous le fumier fécondant de notre morale moderne.

Les sources bien connues de l'une des qualités dominantes de nos *agréables du haut genre* serviront à juger sainement de la nature, de l'étendue, de la force, & de la plupart des effets de cette qualité. Celles de l'impertinence sont:

Le manque absolu d'attention.

L'ignorance volontaire.

L'extrême & continuelle mobilité.

L'acrimonie des sucs nerveux.

La débilité des fibres, leur atonie habituelle.

Leurs irritations, crispations & déterminations accidentelles.

Les distractions perpétuelles.

Le cercle d'occupations qui renferme une journée, un mois, une année, toute la vie.

Le besoin irrésistible & subjuguant de faire de l'esprit.

Les lectures morcelées, fugitives, & les ouvrages qu'on lit.

L'empire des dames & les facilités qu'elles mettent à présent dans l'exercice de cet empire, si différent de ce qu'il étoit jadis.

La promptitude avec laquelle tel mot, ou même tel concours fortuit de syllabes insignifiantes, réveille dans toutes les têtes des idées ridicules ou lascives, dont l'esprit toujours affamé, quoique toujours dégoûté, le cœur vide & criblé rêvent qu'ils se repaissent.

La manie générale de paroître plus riche qu'on n'est.

Et l'ennui, ce premier mobile & ce dernier réfultat de prefque tout maintenant.

Examinons, à vue de génie & toujours en petits chapitres, ces caufes du plus heureux effet, du plus intéreffant phénomène dans l'ordre focial, que jamais les annales du monde aient eu à tranfmettre aux fiècles émerveillés, fi notre mérite & notre amabilité, notre futilité *penfée* & nos charmantes *roueries* parviennent jamais à ces pauvres fiècles futurs qui ne peuvent guère, à vrai dire, que s'abymer, s'anéantir dans les torrens de gloire qui couvrent & fubmergent celui-ci.

CHAPITRE XIX.

Inutilité de l'attention.

DE l'attention ! qui en a ? qui peut en avoir aujourd'hui ? quelque provincial, quelque vieillard, quelque original, quelque *espèce ;* un allemand, un suisse, un anglois, & encore ceux qui voyagent, n'ont-ils communément besoin que de cinq ou six mois pour se corriger, se refondre, se former ? Croit-on que ce soient des cables que les fibres du cerveau d'un homme ou d'une femme *comme il faut ?* D'ailleurs, l'attention exige une dépense, une prodigalité d'esprits vitaux qui nous sont si nécessaires à tant d'autres usages, vraiment que pour réfléchir, pour méditer, l'estomac d'une autruche ne suffiroit pas à la fabrication, à la consommation d'esprits à laquelle on devroit se condamner, si l'on vouloit en destiner étourdiment une si énorme quantité à la tête seule. Et le reste donc ? Nous courons au plus pressé. Des êtres, qui n'auroient pour tout organe qu'un cerveau, n'ayant pas de plus douce jouissance que la méditation,

méditation, réfléchiroient sans cesse, & seroient dans leur classe aussi sages que nous qui avons mieux à faire.

Nous nous qualifions de *penseurs*; tout est *pensé* actuellement, depuis l'histoire jusqu'au madrigal, depuis les articles de certain journal jusqu'aux enseignes de quelques boutiques. Qu'on ne croie pas que nous démentions par-là ce qu'on vient de dire de l'extrême difficulté, de la rareté & de l'inutilité de l'attention. Lisez, écoutez, & vous serez bientôt convaincu par vous-même que rien n'est moins contradictoire que ces deux propositions : nous sommes en tout de profonds & de lumineux *penseurs*, & nous ne pouvons ni ne voulons réfléchir le moins du monde, ni à nos lectures, ni à ce que nous écrivons, ni à notre conduite : nous parlons ici au général.

L'opposition apparente qui se trouve entre ces deux vérités, cessera pour le lecteur dès qu'il saura que nous possédons l'art singulier de *penser* en cinq minutes, autant & même infiniment plus qu'on ne *pensoit* autrefois dans toute une année. Un homme leste, ingambe & libre, va bien autrement que celui qui marche avec des fers aux pieds.

G

Inutilité de l'attention.

Notre air de frivolité peut faire une forte d'illusion à l'égard de la profondeur & de la folidité de nos *penfées*; mais au fond, un beau vernis n'affoiblit nullement ce qui eft folide; un papillon parcourt une maifon, une montagne du haut en bas, fans le moindre effort. Nos admirateurs nous rendent juftice.

Ce fecret de *penfer* vîte (qui n'en eft prefque plus un, tant notre exemple le communique) tient à des procédés fort fimples, & qu'une figure expliqueroit à ravir, moyennant feulement fept ou huit pages d'algèbre. Tâchons cependant d'être intelligibles pour les perfonnes qui n'en font pas venues à aimer l'algèbre, pour celles que ce mot effarouche, qui ne conçoivent point encore combien la géométrie, les mathématiques & les calculs, ou les figures algébriques ont répandu de bon goût dans les ouvrages de littérature & dans les converfations de l'*excellente compagnie*.

Suppofez une furface plane, couverte de divers objets. Les rayons qui partent de tous les points vifibles de ces divers objets, forment plufieurs pyramides de lumière, une infinité de petites qui en compofent un moindre nombre de plus grandes,

Il eſt indubitable que plus vous vous éleverez, plus vous verrez d'objets. Eh bien ! nous avons tout uniment guindé l'inſtrument obſervateur, meſureur & raiſonneur au bout de la plus haute pyramide, au haut de celle dont la baſe eſt égale à la baſe de toutes les autres; notre œil, ou même la glande pinéale, en occupe la pointe ; car il ſeroit ſuperflu de prouver qu'il s'agit autant de lumière intellectuelle que de rayons phyſiques. Voilà tout le myſtère.

Vous comprenez que ſi nous ſommes incapables d'attention, l'heureuſe poſition que nous ſavons nous donner, nous en diſpenſe. Que voulions-nous? Voir, bien voir ; nous voyons tout du premier regard, nous voyons on ne peut pas mieux. Auſſi la célérité de nos conceptions déſoriente, impatiente, culbute le timide ſens-commun, qui ſe traîne, avec ſon microſcope, de difficultés en difficultés. Le génie eſt l'eſprit en *Wisky* ; il éclabouſſe, il eſtropie d'humbles piétons ; mais ſon horizon s'agrandit, il voit de loin & il arrive, à moins qu'il ne verſe. En tout cela, de quoi pourroit ſervir l'attention?

CHAPITRE XX

Ignorance volontaire.

On entend ici par ignorance volontaire, le don d'écarter de fes études, de fon inftruction, ce que les fciences, les arts ou l'hiftoire des fciences & des arts eurent toujours de fatigant, de rebutant, de pénible, d'ennuyeux, de minutieux, de pédanterie; de n'en prendre que la fleur, le duvet, les étamines, le parfum, quelques mots fonores qu'on fe réferve encore la faculté très-commode, le droit très-légitime affurément, puifqu'on fe les approprie, d'appliquer à fa guife, même en les défigurant, foit par écrit, foit dans le difcours.

La dame favante qui demandoit dernièrement à un jeune lieutenant de vaiffeau, où il avoit fait fon cours d'*hydrophobie*, n'avoit-elle pas mis dans ce mot tout ce qu'elle favoit d'*hydraugraphie*? Le beau marquis, fi renommé pour fes grandes vues de légiflation, & qui réfute fi victorieufement, au dire de fa coterie, Montefquieu, Mably, tant d'autres; n'a t-il pas montré, fans affectation & fans jactance, toute fon érudition de légiflateur, en répondant à la docte comteffe qui lui demandoit ce que c'étoit que la loi des douze Tables: « Madame, c'étoit une loi fomptuaire affez fotte- » ment promulguée à Rome, à l'inftigation de » quelque ennemi de Lucullus & d'Apicius dont » les feftins coûtoient des fommes immenfes. » Ce grave politique, fi bien inftruit des intérêts de tous les peuples, qui annonçoit férieufement dès le mois de feptembre que les Turcs alloient déployer l'*oriflamme de Mahomet*, n'a-t-il pas manifefté la juftefle de fon efprit & l'exactitude de fes connoiffances hiftoriques ?

Ces cercles délicieux, où l'on entend, à propos de modes, d'intrigues, de farces, d'hiftrions ou de chevaux, parler d'efprit *exalté*, *d'abftraction*, *d'analogie*, *d'analyfe*, de *corrélation*, *d'hypothèfe*, *d'axiome*, *d'aphorifme*, &c. où cent mots plus fcientifiques encore fe mêlent à tout inftant avec les mots, *éduqué*, *coftumé*, *décor*, *prix conféquent*, *précifer*, *appitoyer*, &c.; tout cela prouve que le favoir eft devenu très-commun, fon acquifition très-facile, & qu'on a eu le bon efprit de se délivrer de la gêne d'une dialectique rigoureuse, & des règles du langage qui ne pouvoient qu'être importunes pour des *penseurs* amis zélés de l'indépendance.

Nos citations vagues & fort éloignées de toute personnalité, ne sont néanmoins ni des exagérations, ni des exemples rares. On n'a qu'à observer, écouter, pour avoir bientôt les matériaux d'une collection volumineuse. Pourquoi les conversations où l'on glisse si légèrement sur tout, seroient-elles plus asservies à la raison & aux antiques principes, que nos brochures à la mode? Pourquoi nos *agréables* y seroient-ils plus pédans, plus réfléchis, plus exacts, plus vétilleux & moins libres, que les coryphées des philosophes ne le sont dans les *in-folio* destinés à l'*illumination* du genre humain? Le grand & premier dépôt universel du génie, l'A B C, & l'O *mega* de tous les arts & de toutes les sciences, rédigé, compilé, composé, *pensé*, créé par deux grands hommes s'il en fut jamais; ce livre qu'ils vouloient modestement substituer à toutes les bibliothèques, n'a-t-il pas mis l'Afrique dans la Tartarie, à propos d'*Alain*; les Indes dans la Turcomanie, à propos d'*Aftamar* ? n'a-t-il pas transformé des montagnes en peuples, à propos d'*Ambohiftmènes* ; un bras de mer en ville, au mot *Galata* ? n'a-t-il pas fait un chevalier novennaire de la chronique novennaire de Victor Palma Cayet, au mot *défi d'armes* ? n'a-t-il pas changé *Bahr-Nagah* (gouverneur de la mer) en *Barnagaffe*, & ce titre d'honneur en un royaume d'Afrique ? n'a-t-il pas métamorphosé le mois Elapheboli en montagne ? n'a-t-il pas affirmé que la maison des Flamines Diales étoit un asyle pour les prisonniers, en ajoutant, ce qui en faisoit un singulier asyle, qu'on les y jetoit *du toit dans la rue ?* quoique Plutarque & le bon sens eussent dit qu'on ne jetoit ainsi que les fers dont on les délivroit, &c.

C'est avec cette profusion généreuse, au point d'en être aveugle, avec ce geste aisé, de l'opulent qui ne compte ni n'examine ce qu'il donne, qu'on verse la science & les émanations du génie sur les peuples comme dans la plus petite société.

Les pédans, les savantasses, les gens à grosse perruque ; car il en est encore malgré les progrès de la philosophie à la mode ; ces infatigables travailleurs qu'on a si élégamment nommés des *culs-de-plomb*, accusent nos *penseurs* de futilité, les traitent eux & leurs élèves d'esprits superficiels, de babillards ignares, d'extravagans présomptueux, de freluquets suffisans ; mais le beau monde & la jeunesse enthousiaste, les amateurs & les connoisseurs vengent bien ceux-ci de tant de gratuites injures, qui deviennent même des éloges par la seule bonne manière de les interpréter. Il résulte de tout cela que cette ignorance volontaire, cette ignorance *pensée*, est le fin de la science, & qu'on apprend tout aujourd'hui sans étude ; phénomène auquel nous assignerons dan le chapitre suivant deux causes, entr'autres, si évidentes, qu'elles seront quasi palpables.

CHAPITRE XXI.

Mobilité continuelle.

L'HISTOIRE naturelle vient ici à l'appui de nos observations. Pourquoi les *agréables* n'apprennent-ils rien méthodiquement ? par la même raison qui empêche qu'on n'enseigne rien de suivi à un singe. « Qu'apprendre en effet, dit M. Vic-d'Azyr dans son Discours sur l'anatomie, en parlant de l'inquiétude continuelle de cet animal ? qu'apprendre à celui qui se meut toujours, puisqu'il n'est pas d'étude sans réflexion, & que réfléchir c'est s'arrêter ? »

Nous pourrions opposer à cette assertion trop étendue l'exemple de tant de singes savans, & en particulier les connoissances si multipliées du fameux *général Jako*, incomparablement mieux instruit que le *cochon savant* de la même école, malgré le flegme doctoral & l'air de méditation de ce dernier. Mais nous n'avons pas besoin de tous nos avantages.

Convenons que l'esprit & le corps d'un *élégant*

pirouettent perpétuellement, l'un fur un mot, fur un *quolibet*, fur un *calembourg*, l'autre fur la pointe du pied ou fur l'un des coudes, en s'étalant dans un fauteuil, ou en fe roulant fur les couffins d'une ottomane. Sa penfée papillonne d'un objet à l'autre, comme il voltige de rue en rue, de fille en fille, de brocanteurs en faifeurs d'affaires, de cercle en cercle, de fpectacle en fpectacle. Et fi nous accordons qu'on ne peut guère apprendre à un finge que des gambades & des cabrioles ou d'autres actes peu réfléchis, ce ne fera que pour remarquer avec joie combien il étoit important pour notre aimable jeuneffe de pouvoir s'inftruire fans étudier, fans réflexion ; de pouvoir, on va crier au paradoxe, concilier par des moyens faciles, fimples, analogues au genre de vie qu'elle mène, l'ignorance très-réelle & volontaire dont il a été queftion dans le chapitre précédent, au *favoir d'occafion*, à ce phénomène que nous avons promis d'expliquer dans ce chapitre-ci.

D'abord en courant çà & là, en circulant fans ceffe au milieu des gens qui difent franchement tout ce qu'ils favent, on attrape à la volée

Mobilité continuelle.

tout ce que chacun fait. Certain abbé nous a dérobé cette idée; nous ne répéterons ni ne discuterons ici les commentaires ironiques & désobligeans qu'on s'eft permis d'imprimer fur une partie de nos débats à ce fujet. Si le public étoit mis dans la confidence du refte, peut-être les rieurs ne feroient-ils pas tous du côté de nos adverfaires. Mais laiffons murmurer l'envie. Le moyen le plus fûr de lui déplaire, c'eft de faire quelque découverte intéreffante.

En fecond lieu, dans un cours public, dans ces auditoires *fcientifians* (qu'on nous paffe un mot neuf en faveur d'idées fi nouvelles), on apprend fans écouter, & même fans entendre. Nous en avons expofé les raifons chez une illuftre protectrice, & M. le chevalier d'Orbeuge fut tout ftupéfait de *ce coup de lumière;* telles font les expreffions que la force de la vérité & la jufte crainte de fe voir démenti, ont arrachées à l'auteur *du comte de Saint-Méran ou les nouveaux égaremens du cœur & de l'efprit.* Voici notre penfée épurée, émondée des inutilités que la malveillance y a jointes pour l'accommoder à fon perfifflage.

On vous invite à un concert en vous prévenant

que vous y entendrez les plus belles voix & les plus habiles joueurs d'instrumens. En entrant dans la salle remplie d'amateurs & de virtuoses, qui vous promettent avec enthousiasme que vous serez enchanté de cette musique, ne sentez-vous pas d'avance une impression indéfinissable, plus ou moins *intense*, suivant le plus ou le moins de goût naturel que vous avez pour l'harmonie? Qu'un événement quelconque, une fée, si vous voulez, vous transporte doucement dans votre lit avant que la musique commence; si le sommeil appesantit vos paupières, ne sera-t-il point possible que vous assistiez à un concert plus beau, plus ravissant que celui dont vous n'aurez pu entendre une seule note? les *impressions scientifères* font aussi des *vibrations harmoniques*; elles se propagent les unes comme les autres, par l'effet de l'*unisson*, par *prénotion*, par *sympathie*, par *substitution* de telle ou telle différente & meilleure, suivant les dispositions analogiques préexistantes dans les fibres, les nerfs, les esprits, tous les sens.... Que le lecteur n'aille pas prendre gauchement de si sublimes *pensées* pour du galimatias. Ce seroit sa faute.

L'expérience de tous les jours confirme cette théorie lumineuse. Nous connoissons une dame très-respectable incontestablement, (car elle a huit ou dix chevaux, autant de valets, dépense soixante-mille francs par an & doit plus de deux cents mille écus.), qui pendant toute une semaine eut un violent desir d'apprendre la physique ; c'étoit ce qu'on appèle vulgairement une envie de femme grosse, elle ne rêvoit que cela. Eh bien ! elle parle depuis cette époque de machine pneumatique, d'électricité positive & négative, de raréfaction & de condensation, d'air changé en eau, d'eau changée en air, d'acide, d'alkali, de phlogistique, &c. aussi pertinemment que ceux de sa société qui en sont à leur troisième cours parachevé.

Quelque railleur se croira fort ingénieux, s'il rit de notre découverte. En vrais philosophes résignés aux inconvéniens du génie, nous consentons volontiers qu'autour de nous on se moque un peu de nos *vastes apperçus* & de cette digression qui paroîtra peut-être un amphigouri ; le tout n'en existera pas moins. Nous nous estimerons trop heureux si les lignes que nous jetons ici en défordre, à la manière des *penfeurs*, plongent un feul jeune homme fenfible & fenfé, un bon provincial épris de la véritable gloire, dans ces rêveries philofophiques, où l'on voit tout ce qu'on veut, & au milieu defquelles on eft fi bien difpofé à recevoir les révélations du génie; fi ces lignes font un appât qui l'attire vers la capitale, & l'y font jouir comme tant d'autres de l'avantage de tout apprendre fans étude, de juger de tout avant d'avoir rien médité, de parcourir en un clin-d'œil la fphère des fciences, & de pouvoir un jour endoctriner humblement les peuples & les empires, en coufant des phrafes à des phrafes fans la moindre néceffité, par pure furabondance d'humanité & de lumières.

Cette ignorance volontaire, lucide, fcintillante, interrompt tous les rapports de fimple logique bourgeoife ou de collége, anéantit, détruit jufqu'à l'ombre de ces antiques convenances de routine & de méthode; entaffe, lie, affimile des chofes ou des notions qui n'ont entr'elles aucune *appartenance* quelconque; & concourt par-là d'autant mieux à former ou entretenir la précieufe qualité intellectuelle & morale que nous avons affez proprement nommée impertinence civile. Chaque cours fusceptible de quelque vogue, ne pouvant être donné que par un homme entièrement occupé de son objet & du soin d'étendre ou de soutenir sa réputation, & l'auditeur dissipé qui circule sans cesse étant dans le cas d'effleurer plusieurs cours & d'écrêmer tout le savoir de vingt coteries ; il en résulte, qu'après quelques jours de circulation & quelques nuits passées à digérer ces connoissances en dormant, ou en jouant, vous vous levez un beau matin, vers midi, non-seulement très savant, mais même appréciateur, Mécène de cinq ou six professeurs qui pourroient confesser sans flatterie, s'ils n'avoient leurs honoraires à conserver, qu'ils n'en savent pas plus que vous, tant vous êtes instruit & profond.

CHAPITRE XXII.

Sucs nerveux & fibres.

C'est aussi de la nature des sucs nerveux que dérive cette inconséquence charmante qu'on peut regarder comme le fond sur lequel est pour ainsi dire brodée l'espèce d'impertinence que nous célébrons. Des mets variés, non moins bizarres que nos goûts, nos fantaisies, nos idées, des mets apprêtés par des cuisiniers experts dans l'art de mêler des poisons aux comestibles ; des jus, des coulis, des brûlots ; des épices, des liqueurs spiritueuses, un suc gastrique appauvri, un estomac débilité par les veilles, ruiné par mille excès ; des miasmes pompés par tous les sens ; de fréquentes irritations de nerfs excitées par des souvenirs, des images ou des actes lubriques : tout cela nécessite des digestions mal faites, des sécrétions putrides, des fermentations outrées, une effervescence factice, un chyle, un sang, une limphe, qui sont corrosifs au lieu d'être nourrissans, corrupteurs au lieu d'être vivifians

vivifians & balfamiques. Alors l'efprit eft valétudinaire avec le corps, & l'on paſſe tout aux malades.

A peine fixez-vous votre penſée fur un objet, qu'un mal-aife, produit par des tiraillemens ou des picotemens intérieurs, plus infupportables que douloureux, qui déterminent & fatiguent la fenfibilité même quand l'intelligence les ignore, troublent votre attention, l'interrompent & détournent vos yeux de cet objet pour ne les fixer que plus *paſſagèrement* encore fur tout autre. Vous êtes donc réduit à vous borner à ce que peuvent procurer de fcience un mot, un fait, un réfumé pris à la dérobée : la plus légère application engendreroit l'ennui, donneroit des vapeurs, écraferoit le fyftême délicat d'une conftitution cacochime. Heureufement ce mot, ce fait, ce réfumé très-fuccinct fuffifent & rendent fi favant, qu'ils ne laiſſent ni defir, ni moyen de le devenir davantage.

Quant aux fibres & à leur atonie habituelle, la vérité n'eft prefque pas vraifemblable. Si l'un des bons médecins de l'autre fiècle revenoit au monde, à la vue de la plupart des gens *comme il faut*, il demanderoit : « les femmes n'accouchent-elles plus à terme ? » Nos *agréables* se prodiguent tant & si jeunes ; nos dames philosophes s'empressent tellement à les former ; ces institutrices obligeantes & tout humaines sont aujourd'hui si nombreuses, si zélées ; les mères ont à remplir tant de devoirs plus essentiels & plus nobles que celui de veiller à la santé & aux mœurs de leurs enfans ; les Bonnes se montrent si bonnes ; les gouverneurs si complaisans, qu'il est impossible qu'un petit-fils ait à présent la force de tête & la vigueur de tempérament dont ses grossiers aïeux n'avoient pas même l'honnêteté de rougir.

Jamais les liaisons de plaisir ne furent si multipliées, & n'absorbèrent ou n'éparpillèrent si vîte l'existence physique d'un homme. Jamais l'essai de ce que peut la jeunesse, ne fut si précoce, si fréquent, & ne finit par être si innocent. Quelle espèce de tenue attendroit-on d'enfans faits par distraction, & livrés aux distractions dès qu'ils ont un sentiment ou une idée ; d'enfans destinés avant leur naissance à n'avoir plus le droit d'être pères lorsqu'ils seront majeurs, & qui le sacrifieront encore aux voluptés d'une adolescence prématurée ?

Les largeſſes bannales de la lubricité mettent tant d'économie en tout tribut ou en tout dédommagement offert à l'hymen, que les enfans légitimes & ceux qui les ſuppléent, ne ſont guère pour le plus grand nombre, chez les gens du bel air ſur-tout, que des embryons qui ont fatigué leur mère pendant neuf mois, lui ont cauſé des nauſées; ont empêché mille parties charmantes de jeu, de veille, de courſe; ont ſuſpendu ou gêné les amuſemens du boudoir, & abrégé fort ſottement les ſoupers de la petite maiſon. Il naît enfin cet héritier que l'avarice & l'orgueil extorquent à la ſenſualité; ſa mère en eſt délivrée, & va recommencer ſa brillante & bruyante carrière, en le confiant à des mercenaires qui établiront leur fortune ſur l'art de le flatter & de hâter le développement de toutes ſes paſſions adroitement excitées.

Cet être ainſi économiſé même dès ſa conception, ne ſera certainement ni un Alcide, ni un Archimède, ni un Locke. S'il atteint ſa vingtième année, en jouant ou ſe traînant ſur des myrthes & des pavots effeuillés; ſon nom, ſon or, & ſes protectrices en feront un grand-homme; où voudriez-vous qu'il prît de l'émulation? Son activité pétulante & à courts accès, s'évaporera en intrigues; il écartera l'ennui par des folies, la monotonie par des caprices; il paiera pour favoir tout: or, qu'y a-t-il de plus inconteftablement acquis que ce qu'on paie? S'il ne lit pas beaucoup de livres, il donnera fouvent à dîner à leurs auteurs; &, felon eux, cela revient au même. Il parlera de philologie au manège, & d'amble & d'encolure au Lycée; rien de perdu. Qu'il écoute ou non, qu'importe? il n'entendroit pas mieux & n'applaudira pas moins; la propagation des lumières n'en eft nullement interrompue; au contraire, fa préfence feule, n'eût-il fait que bâiller, n'aura-t-elle pas encouragé & fubftanté le génie?

Tous les arts font de fon reffort & lui auront les mêmes obligations; c'eft-à-dire, qu'à leur tour ils lui décerneront chacun des palmes & des couronnes immortelles. Il raifonnera de mufique aux François ou chez Nicolet ou au Sallon; de poéfie & de drame à l'opéra; de tragédie, de Sophocle, d'Euripide, de Shakefpéar à l'ambigu ou à la foire; de Ménandre, de Térence, de Plaute, de Molière, de *vis comica* aux Fantoccini;

de poëme épique chez Aftley; d'éloquence au Panthéon; de peinture au concert fpirituel; de mathématiques chez Rofalie, & de coëffure au palais.

L'atonie, la foibleffe & le relâchement des folides exigeant de lui qu'il varie à tout inftant fes occupations ou fon défœuvrement pour donner une tention momentanée à des fibres mollaffes, il répand, en roulant, la même influence régénérative fur toutes les fortes de talens. Faites-en votre Mécène, vous ferez un Horace; nommez-le Augufte, & vous êtes Virgile. La dame aux yeux doux, qui l'adore dans de petits vers achetés de l'argent qu'elle lui gagne, eft une quatrième Grace & une dixième Mufe.

Que cet homme fi utile, fi favant, fi juftement recherché, admiré, ait tout-à-coup d'autres fucs nerveux, d'autres fibres; tous ces importans qu'il exaltoit de fi bon cœur, ne feront plus que des parafites, des fripons ou des fots; il devra étudier; &c. Quel dommage ne feroit-ce pas? il n'y auroit plus qu'un vide affreux & de la honte, que ténèbres, privations & travaux, où rayonnoient paifiblement la fcience, les arts, le génie, cette eſtime de ſoi-même, pour tout dire en un mot ; cette impertinence qu'on ne peut trop recommander, & dont les cauſes bien connues doivent raſſurer les *penſeurs*, leur inſpirer une confiance entière & les plus riantes eſpérances.

CHAPITRE XXIII.

Déterminations accidentelles.

Nos *élégans*, nos gens du grand ton, ne tiennent-ils pas un peu de la nature des corps célestes? comme les astres, ils ne portent sur rien, ne s'appesantissent sur rien, roulent toujours, jettent à grands flots la lumière, élèvent des vapeurs, enflamment des météores, réchauffent les individus engourdis, opèrent une sorte de flux & de reflux, servent de guides aux nautonniers indécis ou égarés, &c. Mais ces corps errans, astres, planètes ou phosphores, sont plus près de tout & les uns des autres; ils se rencontrent fréquemment dans la société. De là naissent une infinité d'incidens, de reflets, de jeux de lumière; des impressions diverses qui se succèdent ou se modifient en se confondant; un désordre enchanteur, délicieux; des déterminations subites, accidentelles; un enchaînement de phénomènes imprévus qui ne laissent aucun intervalle à la réflexion.

Vous demandez, en voyant un homme ou une dame *du meilleur ton :* Que fait-il ? que fait-elle ? que projette-t-il ? où court-elle ? fuivez-les, ne les perdez pas de vue, fi vous voulez le favoir ; encore y ferez-vous fort peu avancé. Ils ne foupçonnent pas eux-mêmes une minute, une feconde d'avance ce qu'ils feront, ce qu'ils diront, & ils ne fe fouviennent plus de ce qu'ils avoient intention de faire, dès qu'ils ont achevé de le dire. Mais toute leur fcience & la variété, l'inftabilité de leurs goûts ne les engageaffent-elles qu'à battre le pavé, ils feront conftamment utiles aux arts, à l'induftrie, au génie, à l'Etat, à l'Europe, aux quatre parties du monde.

Si vous en doutez, tâchez de profiter, pour redreffer vos idées, de la fcène inftructive que nous allons vous expofer d'après le récit ingénu des perfonnages. Comme elle n'a rien d'extraordinaire, & qui n'arrive tous les jours fous d'autres formes ou d'autres prétextes, foit en totalité, foit en partie, vous nous permettrez de taire des noms auxquels votre imagination n'aura befoin d'aucun effort pour en fubftituer que vous connoiffiez.

Déterminations accidentelles.

Le chevalier se lève, bien résolu d'aller au Lycée; la comtesse lui écrit, passe, l'enlève, ils vont ensemble à un cours d'anatomie; mais, à moitié chemin, ils rencontrent la marquise qui veut absolument les consulter sur la chose la plus essentielle, ne leur demande qu'un demi-quart d'heure, & les mène chez sa marchande de modes.

Ils en étoient à trois portes, lorsque le baron les apperçoit, détache son chasseur, (de ville) qui aborde leur voiture retardée par celle d'une femme sans rouge, dont ils rient aux éclats. Le maître impatient suit le chasseur; &, tout essoufflé du bonheur qu'il a de *tenir* ces dames, & de l'importance de la proposition qu'il va leur faire, les invite à voir de nouvelles expériences sur l'air inflammable. — «Ah! oui, je n'aime rien tant.
» — Et moi j'en raffole. — Mais vous me garan-
» tissez qu'il n'y aura point de détonnation ! j'en
» ai une peur... — Je me plais beaucoup à les
» attendre, je les sens venir. — Montez, baron.
» Où est-ce ? — J'indiquerai la maison au cocher...
» rue de la Pépinière. » On parla *très-savam-ment* d'air inflammable.

« Nous y voici, dit la comtesse à la compagnie;

» je vous laisse; il est tard, & je manquerois mon
» cours de... — De quoi ? — Bon Dieu ! j'en ai
» le mot au bout de la langue... de... de sta-
» tique. — De tactique peut-être, ma chère amie ?
» — Non, marquise, de statique; vous pensez
» bien que je le sais, puisque j'ai souscrit. Le
» professeur dîna hier chez moi, nous lui pro-
» mîmes tous; il faut que je m'y montre. — La
» statique, madame, est la science de l'équilibre.
» — Oh ! je ne la perds que quand je veux;
» mais je n'en suis pas moins curieuse d'avoir
» une idée de cette science, dit la marquise; j'ai
» la tête à l'escarpolette. — Chevalier, serez-vous
» des nôtres ? En douteriez-vous ? — Adieu, mon-
» sieur... Près de l'arsenal... Germain, voici
» l'adresse imprimée. »

En passant, la marquise voit de loin de jolies
perruches; on doit s'arrêter, les regarder, leur
parler, les acheter. « Madame, lui dit le mar-
» chand, si vous daignez vous donner la peine
» d'entrer un instant dans ma boutique, j'aurois
» l'honneur de vous présenter un perroquet superbe
» qui parle comme un ange. Il jure un peu haut,
» & n'a guère appris que des polissonneries qui

Déterminations accidentelles. 123

» attireroient une foule de badauds autour de la
» voiture.... — Oh! defcendons, ma chère,
» nous nous amuferons *comme des dieux.* Quelle
» trouvaille !... En effet, il dit les chofes crûment;
» mais il y donne un air d'intelligence... Com-
» bien? — vingt louis, en confcience. — Je l'en-
» verrai chercher, lorfqu'on lui aura fait une
» cage... L'aimable animal ! ne croiroit-on pas
» que cela a de l'efprit? pourvu qu'il n'aille pas
» oublier tout avec mes gens, avec mes femmes;
» les domeftiques font fi bêtes !

» Qui vient à nous, dit la comteffe en fortant?
» le comte de ***; c'eft lui. Un mot; où courez-
» vous? — Bon jour, mes belles dames; je
» vais voir l'imprimerie des aveugles. — Des
» aveugles !.... Unique, charmant, délicieux,
» admirable ! allons-y tous. Ma voiture nous fuivra.
» Il n'y a point de cours auquel je ne renonce
» pour quelque chofe de fi rare. — Il étoit ainfi
» réfervé à monfieur le comte de vous faire
» perdre l'équilibre. — Très-gai, très-plaifant. —
» Comte, eft-ce la même berline que vous aviez
» le jour où nous allâmes examiner à loifir ce
» chef-d'œuvre de peinture?.. Non, mon cher,

» je l'avois depuis six mois ; elle m'ennuyoit à
» périr. — Quel étoit ce chef-d'œuvre, messieurs ?
» — Le tableau du jeune Douais. — Je sais, je
» sais ; on me l'a beaucoup vanté : c'est *Ramius*...—
» *Manlius*... — Non ; *Marius*... — Eh ! oui,
» *Marius*, assassiné par un soldat romain. — Ce
» soldat n'est pas romain. — L'aspect du héros
» l'empêche de consommer l'assassinat. — Ah !
» vous me faites un plaisir... je brûle de pou-
» voir dire que je l'ai vu. — Et moi aussi, mar-
» quise ; j'ai la manie des arts. — Vous avez
» bien raison ; les arts sont l'une des sources de
» la gloire nationale. — Je vais vous contenter,
» mesdames ; les aveugles imprimeront encore
» long-temps, & le tableau peut disparoître à
» toute heure.... Rue Saint-Nicaise. » Ici de profonds raisonnemens sur l'histoire romaine & sur la
peinture.

« Le chevalier se mêle aussi de peindre, dit la
» comtesse. — Comment ! artiste, s'écria la mar-
» quise ; je n'y résiste pas. De grace, allons voir
» les ouvrages du chevalier. — Madame veut
» rire. Des bagatelles copiées à la chambre obs-
» cure. — Modestie, subterfuge qui excitent

Déterminations accidentelles. 125

» notre curiosité. Jouons-lui le tour de monter
» au moment même chez lui; il n'aura le temps
» de rien cacher. — A merveille ! *supérieurement*
imaginé ! son extrême embarras me réjouit
» *au possible*. Je vous prie... le cordon... A la
» Barrière-blanche. » Et mille saillies non moins
[s]pirituelles, sur un porte-feuille en désordre, sur
[l]e génie pris en flagrant délit, sur des portraits
[d]e femmes qu'on devine déjà, &c. Ils parviennent
[a]insi à la chaussée d'Antin du coin de la rue Saint-
[N]icaise.

« Cette idée est impayable, observe le comte.
» — Ma chère, reprend la marquise, ce qu'on
» prétend que le chevalier saisit, peint à ravir,
» ce sont les boutons de fleurs.... — Eh! bon
» Dieu ! à propos de fleurs, on est venu me dire
» ce matin que le grand cierge serpentaire du
» jardin du Roi est fleuri, ce qui n'aura lieu que
» dans vingt, trente, quarante ou cinquante ans
» peut-être ; & si c'étoit le dernier moment de
» sa floraison, nous l'aurions manquée pour la
» vie.... — Mesdames, la nature.... — Une
» plante exotique... Ah! j'aurai bien soin d'y
envoyer tous les jours. — Un étranger qui a

» la galanterie de se parer pour ses hôtes... —
» Volons, volons... au jardin du Roi. » Le chevalier fut au comble de la joie, & il pérora *sublimement*, la botanique ayant toujours été son fort après les enluminures & les silhouettes.

« Par où nous mène-t-il donc, interrompit le
» comte en parlant du cocher? Des décombres,
» des échafaudages, des pierres de taille de tout
» côté! jamais on n'a tant bâti. — L'architecture
» est, à la vérité... — Oui, certainement, cet art
» est... — Oh! il est sûr que sans l'architecture...
» — J'aime passionnément l'architecture, sur-tout
» les modèles. — En effet, un beau modèle où le
» goût, l'invention, le génie... — On parcourt
» un modèle sans se fatiguer; on embrasse d'un
» coup-d'œil toutes les parties; ce sont des jouis-
» sances complètes; au lieu que l'édifice une
» fois achevé, n'est réellement bien vu que par
» les hirondelles. — Je fus invité hier à voir chez
» un amateur le modèle d'un *stoa*... — *Stoa!*
» l'idée est majestueuse. Qu'est-ce qu'un *stoa?* —
» De *stoa* dérive *stoïcien*; c'étoit le fameux portique où Zénon enseignoit sa philosophie. —
» Qu'il me tarde!... où loge votre amateur? —

» Au Marais. — Sera-t-il chez lui ? — Précisé-
» ment son heure... Rue des Douze-Portes.

» Ne nous en esquisserez-vous pas le plan ? vous
» nous instruiriez en chemin... — Imaginez une
» espèce de bourse à l'usage des philosophes,
» telle que la bourse où se rendent les négocians,
» les agens de change... L'auteur m'a tout expli-
» qué. Au milieu, il y aura des salles destinées
» à des bateleurs... pour attirer la bonne com-
» pagnie; la philosophie ira son train dans les
» péristiles. Les quatre pavillons des angles seront
» de petites maisons; vous comprenez, qui se
» loueront à l'année. Tout le premier étage sera
» un parthénion avec les dégagemens nécessaires,
» & les mansardes feront un magnifique musée.
» Chaque partie concourra si heureusement au
» maintien & à la prospérité de toutes, qu'il n'est
» pas douteux qu'un semblable établissement se
» soutiendroit malgré notre inconstance *élémen-*
» *taire*.

» Cet homme auroit-il assez de goût, demanda
» la marquise, pour me déterminer sur le choix
» d'une tapisserie?... — Un cabinet? — Non,
» ma salle à manger, que j'ai juré de ne pas

» boifer. — Du ftuc, madame. — Ah ! vous me
» tirez d'une peine ! ... mais le temps me preffe fi
» cruellement ! j'aurai toute la ville la femaine pro-
» chaine. Le ftucateur du boulevard de l'opéra eft
» très-expéditif... (au cocher) vis-à-vis l'opéra. —
» Du ftuc, ma chère amie ! vous ne jouirez de
» plus d'un mois. L'ouvrage eft bientôt fini, mais
» cela ne sèche d'un fiècle ; & puis l'humidité que
» gardent les murs, qu'ils tranfmettent au refte de
» l'appartement, les rhumatifmes, les fluxions...
» Croyez-moi, prenez de beau papier, à grandes
» *penfées*, du genre noble : on vous en fera tout
» exprès pour le local ; & Réveillon... — Oh !
» combien je vous ai d'obligation ! — C'eft du
» choc des opinions que jaillit l'étincelle de la
» vérité.... Chez Réveillon, fauxbourg Saint-
» Antoine. » Et de charmantes differtations en
phrafes morcelées fur les progrès de l'induftrie.

« Mais, quelle heure eft-il donc ? dit le comte
» après quelques *vues* toutes neuves de politique
» au fujet de la baftille : comme le temps s'écoule !
» nous menons une vie... N'avoir pas même un
» inftant pour fe nourrir. Où dînez-vous ? — J'ai
» promis à tant d'endroits ! — Et moi.... —
» Et

Déterminations accidentelles.

« Et moi... — Et moi... — Perſonne de nous
» n'eſt coëffé, n'eſt vêtu... Si vous approuviez
» l'idée, nous irions... — J'en ſuis. — Nous en
» ſommes. — Prendre un morceau chez le reſtau-
» rateur du palais-royal... Au palais-royal, par
» la rue Saint-Honoré.... En paſſant j'acheterai
» des brochures chez Defenne. La baronne m'a
» fait promettre de la joindre au dernier acte de
» Tarare. — Pour moi, j'irai par-tout. —
» Meſſieurs, lecture chez moi, ce ſoir. — De
» qui? — D'un des amis communs, homme plein
» de génie ; deux chants : on jouera ſans parler,
» chevalier. — Je n'y manquerai pas, madame ;
» ſa dernière lecture m'a porté bonheur. — Vous
» vouliez aller au lycée? — Ne verrons-nous pas
» tantôt dix perſonnes qui nous *préciſeront* ce qu'on
» y aura dit? Et vos deux cours? — L'abbé les
» ſuit, & il ſera demain à ma toilette, il me mettra
» au courant, &c. &c. &c. »

C'eſt ainſi qu'on ne perd pas une minute ; qu'on
s'occupe oiſivement de tout, & que même en ne
faiſant rien qui vaille, on entre pour ſa part dans
ce commerce de ſervices réciproques & perpé-
tuels, qui lient d'intérêt les hommes les plus

éloignés, ne fut-ce qu'à titre de confommateur, & à raifon des frais que fuppofent des voitures ufées, des chevaux & des valets harraffés, des fpectacles, des brochures & des foufcriptions que l'on paye. L'amateur & la connoiffeufe dont l'efprit eft fi verfatile, doivent, même fans y fonger, donner l'empreinte de leur jugement aux productions de l'artifte qui attend d'eux fa fortune ou fa renommée; &, comme en fupprimant les rapports naturels entre les idées, on n'empêche pas que chaque chofe ou chaque opinion ne réagiffe fur toutes les autres, le caractère public & le génie des philofophes font auffi, plus ou moins, modifiés par ces déterminations accidentelles.

CHAPITRE XXIV.

Fabrique d'esprit.

SI les raisonneurs méthodiques des temps qu'on vante encore par écho, des siècles d'Alexandre, d'Auguste, de Léon X & de Louis XIV, renaissoient seulement pour assister à l'une des conversations de nos gens à la mode, ou pour lire l'un des ouvrages modernes qui ont le plus de vogue ; ils n'y trouveroient qu'un babil insoutenable, ils croiroient que tous ces *agréables* sont en délire, & ils le diroient avec cette grossièreté que laisse toujours dans les manières une fausse civilisation. Ces têtes à préjugés ne concevroient pas ce qui arrive à tout moment, qu'on parle d'abord & que la pensée vient ensuite. Jamais on ne leur feroit comprendre qu'un aimable homme entouré de ses pareils, de femmes charmantes, livré aux illusions du plaisir, doit des succès enviés & toute sa gloire à son délire ; qu'il a mille idées tandis que le triste admirateur du bon-sens en attend une en se rongeant les ongles dans le cabinet solitaire, où les honneurs & les pensions n'iront certainement pas le chercher.

Ces pédans voudroient encore qu'on suivît leurs vieilles règles tombées en désuétude ; ils n'auroient garde de présumer que nous avons abrogé toutes les règles, afin de penser, de composer, d'agir & de juger plus librement, moins artificiellement, plus naturellement. Entichés de la *facilité laborieuse* qu'ils ne cessoient de recommander, ils tomberoient malades, ils étoufferoient de colère, ils mourroient de dépit ou d'indignation en voyant l'aisance avec laquelle tout se fait mieux que de leur temps. On folâtre, on court, on se dissipe, les distractions se suivent, se touchent de si près, qu'on pourroit dire qu'on n'a pas le moyen de s'en distraire ; & de la vie on n'eut tant d'esprit, tant de génie, sans effort, sans application, sans travail : pourquoi s'imposeroit-on des privations, des gênes, des fatigues inutiles ?

Esclaves garrotés d'antiques préceptes, psycologistes, métaphysiciens, moraliseurs de tous les âges, nous avons brisé les entraves que vous avez cru nous transmettre ; & maintenant on seroit aussi ridicule dans la *bonne compagnie* avec votre ſtyle, vos raiſonnemens, vos mœurs, qu'avec votre barbe, votre manteau, vos ſouliers carrés, ou vos monſtrueuſes perruques. Comment ne pas s'impatienter, en entendant célébrer le dernier ſiècle ? Cette montagne examinée ſans prévention, n'eſt qu'une bute couverte de ronces fleuries dont les branches enlacées retenoient, perçoient, déchiroient tout ce qui tendoit à s'élever, tous les tendres ſcions de l'amabilité philoſophique ſi heureuſement développés depuis quelques années.

Les beaux-arts n'étoient fus alors que des artiſtes ; à préſent un marquis en fait pour le moins autant qu'eux, puiſqu'*un homme comme lui* n'ignore rien, leur donne ſes avis, leur fait leurs croquis, dirige, retouche tout. N'a-t-il pas tous les élémens du beau, du bon, du ſublime, diſtribués en petits articles, étiquetés & claſſés par alphabets dans des *in-folio*, & reproduits ſous d'autres formes dans des almanachs ? Le ſanctuaire des ſciences, autrefois impénétrable aux gens du monde, eſt maintenant une eſpèce de Wauxhall, & les billets d'entrée ſont à ſi bas prix, qu'il en coûte plus pour avoir certaine fille que pour acquérir, en digérant tout le ſavoir poſſible.

On n'avoit jadis que la dofe d'efprit qu'on apportoit en naiffant ; c'étoit un diamant, une topaze, un grenat ou un caillou de rivière qu'on tailloit & poliffoit pendant toute fa vie : on a de plus à préfent tout l'efprit qu'on fabrique foi-même ; compofition fi brillante, qu'il faut s'y accoutumer pour ne pas en être ébloui.

« L'efprit qu'on veut avoir gâte celui qu'on a, »

dit un railleur cauftique : il a tort, abondance ne nuit point. D'ailleurs, l'efprit qu'on a, quelque grand qu'il foit, eft borné ; celui qu'on fait n'a pas de mefure déterminée, on en peut faire à l'infini ; nos *agréables* en font à perte de vue, & prefque toujours d'auffi bon. Quel fujet auroit-on de regretter cet efprit inné qu'on ne fe donne pas, & qui doit ainfi honorer beaucoup moins que l'efprit à l'égard duquel on a la fatisfaction de dire : il eft de ma fabrique ?

Pour ce qui eft du génie que nous pourrions appeler, en termes d'alchymifte, la poudre de projection dont fe forme le plus bel-efprit compofé ; les orateurs, les poètes, cette foule de rhéteurs qui alignoient leurs froides idées au cordeau dans le siècle vanté par une cabale que nos *penseurs* dénoncent aux races futures ; tous ces pédans réunis étoient bien loin d'avoir autant de génie que tel auteur moderne qui en couvre toutes les pages, qui en met à chaque ligne de ses lumineux extraits d'ouvrages des autres, extraits où il n'est guère question que de lui-même. C'est là que le génie coule comme l'encre ; qu'on ne voit que génie, quelque matière que l'auteur ait à traiter ; c'est là que l'homme de génie instruit l'univers & la postérité ; car, nous dit-il fort sensément, » un extrait, un livre, un empire, l'humanité, tout » devient égal dans de certaines dispositions d'es- » prit » aussi bienfaisantes que sublimes. Aujourd'hui, non-seulement on a beaucoup de ce génie, mais encore on en fait avec une facilité inexprimable.

Un mot, une phrase, échappent au philosophe de coterie. Ce philosophe, pour le moment, quoiqu'il ne s'en vante pas, ne sait ce qu'il dit ; mais cela viendra. Dans la vérité du fait, le mot, la phrase, sont insignifians relativement à celui qui les profère ; son air de prétention n'en avertit pas moins les auditeurs de se tenir sur leurs gardes, & les invite à coopérer à l'acte du génie. Plus le fens en eft vague & obfcur, plus on en tirera parti : ce font les tables ifiaques où les gens d'efprit lifent ce qu'ils veulent; pour peu qu'ils en faffent, le texte fera d'une fécondité merveilleufe. Le chevalier prend la phrafe de travers, & lui donne une piquante tournure; le comte y faifit d'autres nuances; la marquife y voit mille chofes; la comteffe en pèfe & mefure la folidité; la préfidente en fonde la profondeur, & tous s'écrient unanimement : Ah, que c'eft beau !

Revenue au philofophe, après tant de bonnes fortunes, fa phrafe lui impofe du refpect. Il s'attribue fi naïvement l'efprit de ceux qui l'admirent, qu'il y eft le premier trompé. Enchantés de leur pénétration, ils le loueront toujours plus, afin d'en montrer davantage. Qu'on imprime cette phrafe, ce fera une découverte, un grand principe; & fa fignature apprendra aux quatre parties du monde à quel génie elles en auront l'obligation. Nous ne ferons pas à nos lecteurs l'injure d'expofer en quoi & combien tout ceci rentre dans notre fujet.

CHAPITRE XXV.

Lectures fugitives & morcelées.

Aux idées incohérentes, aux propos décousus, sympathisent parfaitement les lectures hachées, dont l'effet est de mettre l'universalité des connoissances en petits tableaux de mosaïque. Une nuée de journaux, de pamphlets, de feuilles hebdomadaires ou quotidiennes favorisent singulièrement les dispositions que presque tous les esprits ont pour l'impertinence bien entendue, pour cette inconséquence si conséquente, qui fait le premier mérite des gens à la mode, & le charme de leur société.

« Le devoir du nouvelliste, si l'on en croyoit
» la Bruyère, est de dire : il y a tel livre qui court,
» & qui est imprimé chez Cramoisi, en tel carac-
» tère; il est bien relié & en beau papier, il se
» vend tant; il doit savoir jusques à l'enseigne du
» libraire qui le débite. Sa folie est de vouloir

» en faire la critique (1). » Cet homme impitoyable auroit donc voulu qu'un journaliste ne fût pas un auteur, un *penseur*, un philosophe; ne donnât à ses contemporains ni leçons, ni goût, ni esprit, ni science, ni génie. De pareils traits suffisent seuls pour caractériser le siècle où l'on estimoit la Bruyère. Avec quelle morgue indécente il traite de folie le zèle généreux, le respectable ministère des sages qui daignent lire, réfléchir & même juger, sans lire, pour tout le monde ! On voit bien que chacun avoit alors la manie de lire & de réfléchir pour soi-même. Quel temps ! quelles têtes ! Tout cela devoit être d'assez mauvaise compagnie.

Réduire les journalistes à la simple annonce, c'est forcer les amateurs à n'avoir aucune opinion d'un ouvrage qu'après l'avoir lu : ne faudra-t-il pas aussi se mettre en état de l'entendre ? La marche qu'on suit à présent est bien plus expéditive & plus sûre. Le nouvelliste ou journaliste vous donne l'extrait de toute espèce de livres : s'il n'entend rien à la matière, c'est tant pis pour lui ; vous

---

(1) Chapitre premier *des Ouvrages d'esprit.*

n'en avez pas moins l'extrait. Il juge comme il peut, vous lisez ce qu'il écrit, cinq ou six pages font l'affaire ; & encore dans ces cinq ou six pages a-t-il l'art de renfermer l'éloge indirect ou direct de son génie, ses conseils à l'auteur, un apperçu de la manière dont il auroit composé l'ouvrage, d'utiles digressions sur la morale, l'économie, la politique, & d'excellentes leçons adressées sans prétention aux peuples, aux empires & aux potentats. Vous tournez le feuillet, & vous voilà bien vîte au fait d'une autre production d'un genre opposé qu'il vous croque en peu de lignes. Quand vous aurez parcouru son livret, vous n'ignorerez de rien, vous serez initié aux plus grands mystères de la littérature, il ne tiendra qu'à vous de trancher du philosophe, vous pourrez prononcer hardiment & magistralement sur les nouveautés, ce que n'eût pas osé faire la Bruyère après avoir dévoré trente volumes.

Il y a plus, car le mieux naît ici du bien. Tel journaliste excessivement occupé, très-pressé, juge d'un long ouvrage par l'inspection rapide de quelques chapitres ; vous jugez de son extrait en vous faisant coëffer ; dans votre bain, ou tandis qu'on vous chauffe, fur quelques lignes prifes çà & là, vous n'en êtes que plutôt au courant.

Un ou deux journaux, il eft vrai, offrent des critiques juftes & motivées, des extraits qui encouragent & éclairent les écrivains inviolablement attachés à certains principes; fuppofent, exigent, & ne fuppléent pas l'étude; donnent l'appétit des bons livres & du dégoût pour les fades brochures; font eftimer, aimer, rechercher les ouvrages où la fatyre honnête, incapable de perfonnalités, venge les vertus & le bon-fens des infultes du bel-efprit & de la licence. Mais ces échappés d'un fiècle où l'on raifonnoit, ces champions de la logique & de l'ancienne morale, ces cenfeurs toujours judicieux & fouvent auftères même avec légèreté, font les épouvantails de la philofophie moderne, fa bête noire, les fléaux du génie qui les foudroie de fes démentis & de fes injures : reffources littéraires qu'on n'apprécioit pas autrefois comme aujourd'hui.

Cette variété d'objets, leur fucceffion précipitée, ne laiffent dans des cerveaux continuellement balottés, & dont les fibres font tour-à-tour vibrantes, fautillantes & relâchées, que des impreffions foibles qui fe confondent. Nos agréables n'en décident pas moins de tout *ab hoc & ab hac*, toujours bien, attendu que nul individu préfentable ne s'eft donné la peine de s'inftruire autrement qu'eux. D'ailleurs, dans les converfations, on ne peut, on ne veut, on ne doit qu'effleurer les matières ; & fi quelque pédant s'avifoit de vous entreprendre fur ce qu'il croiroit fottement favoir mieux que vous, fous le prétexte que dès fa jeuneffe il auroit étudié cette partie, vous parleriez de *coëffure au génie*, ou *en hériffon*, ou *en porc-épic* ; de bas *en peau de ferpent* ; vous montreriez un bijou, des bagues *en bouclier*, une chaîne en beaux *grains de verre* ; vous admireriez le chapeau *à la polichinelle* de la préfidente, le *gilet aux bambochades* du grave fénateur..... enfin, vous auriez mille moyens de faire perdre contenance à l'importun qui s'aviferoit de raifonner, de démontrer. Vous racontez une anecdote, vous chantez ou fredonnez un couplet, vous perfifflez votre agreffeur, & c'eft un homme *noyé*, *taré*, qui ne fe reproduira plus, ou qui fera de votre avis avant que vous ouvriez la bouche..... Mais rendons plus de juftice à la *bonne compagnie* : on n'y fouffre plus de ces animaux-là.

CHAPITRE XXVI.

Ouvrages qu'on lit.

SI les journaux philosophiques ne tiennent pas lieu de toute espèce de lecture, c'est que les philosophes font d'autres ouvrages que des articles de journaux. Leurs essais, leurs traités, leurs recueils embrassent une infinité de sujets, & se divisent en petits chapitres ; d'abord par déférence pour les esprits dissipés, pour lesquels la philosophie moderne a la plus tendre, la plus fraternelle prédilection ; & aussi parce que le génie créateur a besoin de reprendre haleine.

Il est évident que ces glorieuses productions, les seules qu'on lise aujourd'hui sur la foi d'un extrait de main de maître, concourent merveilleusement à consolider le règne de l'impertinence civilisée. Toutes les maximes antiques y sont pulvérisées, & les principes qu'on y établit ont une base mobile & une flexibilité qui se prêtent si doucement à toutes les passions, que celles-ci les inclinent où elles veulent sans rien renverser, sans éprouver de résistance, que même elles en acquièrent un mouvement accéléré. Tout objet important y est traité d'une façon leste qui enlève ; les bagatelles y prennent une grandeur, un poids, une profondeur, une *cavité de pensée* qui contrastent singulièrement avec notre renom de futilité & de gentillesse.

Nous sommes forcés, par la sincérité dont nous faisons profession, d'avouer ici que l'air déclamatoire & l'hyperbole nuisent quelquefois à l'effet que cherche à produire le génie philosophique. Osons lui conseiller, même par respect, de tâcher de se posséder un peu plus dans certains momens où son excessive bienfaisance l'entraîne loin des bornes du possible.

On conçoit, par exemple, qu'un coup-d'œil suffit pour lire dans une brochure ces axiomes assez nouveaux :

« La morale n'est corrompue que par son mélange
» avec la religion. (1) »

---

(1) *Vie de M. Turgot.*

» C'est la philosophie qui doit tenir lieu de divi-
» nité sur la terre. (1) »

En feuilletant, avant de s'endormir, un livre qu'on n'aura jamais le temps de lire, on peut y trouver, au hasard, cet avis charitable, si digne des tendres amis de l'humanité:

« Peuples de la terre, voulez-vous être heureux?
» Démolissez tous les temples, & renversez tous
» les trônes. (2) »

Si le manque d'attention ou de loisir ne permet pas de suivre les preuves de ces étranges assertions, l'on est trop philosophe pour ne pas les croire sur la parole d'un *penseur;* mais cependant l'exagération qu'on y soupçonne, empêchera long-temps que les peuples ne les réduisent en pratique. La philosophie s'écarte donc de son but en l'outre-passant. Il n'en résulte pas moins dans les esprits & dans les cœurs qu'elle dirige (nous nous hâtons de le reconnoître à sa louange) un penchant plus marqué, de plus heureuses dispositions pour le

---

(1) *Histoire philosophique & politique de l'établissement des Européens dans les deux Indes.*
(2) *Révolution de l'Amérique.*

savoir-vivre

favoir-vivre perfectionné, qui, fous une autre dénomination, fait le fujet de cet éloge.

Quant à la *facture* des ouvrages inftructifs, voici, en peu de mots, le chemin immenfe que nous avons parcouru depuis le quinzième fiècle : ne citons pas ici le feizième & le dix-feptième perdus, comme on fait, en tentatives infructueufes qui n'ont produit que de la raifon, &c. Au quinzième fiècle, un livre françois étoit un nombre de pages de grec & de latin, où l'on découvroit quelques tranfitions en langue françoife. Maintenant un livre philofophique eft un nombre de pages où, parmi des termes techniques, de fciences & de métiers, des chiffres, des fignes d'algèbre, des lignes ponctuées, & les mots *humanité, génie ; bienfaifance, génie ; population, tolérance, génie ; planer, flambeau, lumière, fphère, choc, électrifé, chaîne, vafte, immenfe, efpace, diffémination, propagation, fublimité*, & toujours *génie*, &c. ; l'efprit un peu cahoté fe repofe de temps en temps fur de petits contes, des gravelures ou des naïvetés délicieufes.

Trois branches du commerce de la librairie qu'ont, pour ainfi dire, créées, les changemens furvenus dans nos goûts, dans notre efprit & dans nos mœurs ; ce sont les *mémoires à consulter*, les *projets de politique* & les almanachs. Chaque évènement, tout procès, toute nouvelle devient à présent le motif ou le prétexte non pas d'un pamphlet, mais d'une bibliothèque ; *exposition, explication, considérations, observations, lettres, réponse, réplique, notes, pièces justificatives, sommaire, précis* énorme, &c. Le moyen de lire tant de choses qu'il faut pourtant savoir, si l'on ne veut avoir l'air d'arriver du Kamchatka ! De dix en dix pages on en lit une, un quart, une ligne, un mot ; le reste s'apprend de cercle en cercle ; la calomnie ou les platitudes se répètent si volontiers ! Pour l'économie politique, les droits humains, les codes, les millions d'écus, les millions d'enfans, les moissons & les moulins à vent, de la création gratuite des philosophes qui n'ont l'honneur d'être ni princes, ni ministres, ni magistrats, ni pères de famille, ni laboureurs, ni meûniers ; le titre & la table des chapitres nous mettent au courant. Après les journaux des *penseurs*, leurs almanachs seront dorénavant ce qu'il faudra le plus s'attacher à lire avec quelque suite, quand on voudra joindre la science au génie.

Ouvrages qu'on lit.

Entre ces deux sortes de productions, placez les romans, & vous aurez l'ensemble des ouvrages d'autrui dont les gens *du premier ton* font encore eux-mêmes lecture ; mais ne prenez pas gauchement ce dernier mot à la lettre. Acheter une brochure ou la recevoir comme abonné, en ce cas, l'adresse imprimée atteste suffisamment la qualité d'homme éclairé : couper les feuilles ou les déchirer, les chiffonner en voyant seulement de quoi il s'agit ; prêter le volume à droite, à gauche ; le redemander avec instances pour en faire des papillotes ou en amuser un épagneul ; s'en former une opinion d'après les liaisons de l'auteur avec ceux qui le prônent ou ceux qui le dénigrent ; trouver conséquemment tout ou excellent ou détestable ; voilà ce qu'on appèle une lecture bien conditionnée. Or, c'est plutôt une affaire de procédé que d'étude.

Sans s'épuiser en méditation superflue, on voit que *cet état des choses & des esprits* est on ne peut pas plus favorable à l'important objet qui nous occupe. Gardons-nous de frustrer les dames de la part de gloire qui leur en revient.

CHAPITRE XXVII.

Empire des dames.

Quelques bourgeois difent encore *le beau sexe*, comme les capucins miffionnaires des provinces limitrophes de la Flandre, difent encore *le sexe dévot*; mais ces qualifications générales s'appliquent de nos jours à fi peu de perfonnes, que l'ufage en devient ironique & même ridicule. Les dames à la mode ne croient certainement pas être le beau fexe.

Se défigureroient-elles ? cacheroient-elles leur vifage fous des cheveux hériffés, leurs yeux fous de larges chapeaux, leur menton dans des fichus remontés & vides, leurs graces fous une redingote ? Donneroient-elles à leurs regards l'audace impudente du defir effronté, à leur démarche l'air d'un fpadaffin, à leur voix les inflexions les plus dures, à leurs bras, à leurs mains les mouvemens ou la pofition qu'y donneroit un pandoure ? Changeroient-elles toutes les femaines de parures & de couleur, fi elles avoient une notion déterminée du beau, fi elles étoient perfuadées qu'elles ont une beauté naturelle que doivent accompagner des ornemens convenables & délicatement affortis ? Elles auroient bien raifon de fe moquer ou de fe plaindre de nous, fi nous les traitions autrement qu'elles ne fe traitent elles-mêmes.

Le très-petit nombre de celles qui n'ont pas encore réuffi à ceffer tout-à-fait d'être belles, en paroiffent honteufes ; & dans leur louable émulation, elles s'enlaidiffent le plus qu'il leur eft poffible pour avoir l'air *comme il faut*. Jeuneffe, teint frais, charme des formes, rien ne peut réfifter long-temps à l'effet infaillible du blanc, du rouge, des veilles, des exeès & des minauderies. Eft-il une impertinence plus méritoire, plus complète, que de renoncer gaiement à de fi rares avantages par vanité ? Or, les dames font les arbitres fuprêmes de la bonne compagnie ; on doit en conclure que tout y va le mieux du monde, à ravir.

Il exifte, fans doute, hors des cercles renommés, des beautés fimples & modeftes, des femmes paifibles & vertueufes, qui préfèrent les devoirs d'époufe & de mère à la gloire des femmes *du bel air*, des connoisseuses protectrices, &c. Cette classe particulière de dames est au moral une copie vivante de nos grandmères. Leur opinion héréditaire & favorite étant que moins le public parle d'elles, plus elles sont estimables, il ne leur tombera point dans l'esprit que nous ayons voulu les offenser en ne citant ici que les autres.

Satisfaites du respect de parens & d'amis sensibles, du cœur d'un mari, de l'amour d'enfans tendres & dociles, & du témoignage d'une conscience pure ; saines de corps & d'ame, elles ne se flétrissent pas à vingt ans, & prétendent économiser du bonheur pour la vieillesse. Nous les félicitons de se contenter de si peu de chose, de ce dont l'excellente compagnie ne se soucie guère ; & en joignant ici nos hommages à tous les respects qu'elles méritent, nous continuerons de ne parler que des dames à la mode, qui ont infiniment plus de cet honneur auquel le bruit sert d'unique mesure.

Leur première éducation les éloigne de toute aptitude aux sciences, aux lettres, aux arts ; on ne leur apprend que la musique, à danser, un peu de géographie qu'elles oublient en chantant,

& de deſſin qui les ennuie. Dès leur début dans la ſociété, c'eſt-à dire, auſſi-tôt qu'elles s'y montrent avec le nom d'un homme qui rougiroit d'être à leur côté, tant ils s'eſtiment, elles ſavent tout, jugent de tout, & deviennent à la fois, par un mélange inexplicable mais réel de qualités & d'actions oppoſées, les ſouveraines & les eſclaves, les idoles & les dévotes du génie qui les encenſe & qu'elles careſſent. Il eſt facile de prévoir que le génie devra promettre le plaiſir pour intéreſſer, reſſembler à la folie pour amuſer : il flattera tous les goûts de ces dames, elles préſideront à tous les ſiens. On ne peut arriver à l'impertinence par une route plus droite, plus courte, plus gliſſante & plus fleurie.

Depuis que les femmes tiennent la baguette du génie philoſophique, tous nos *agréables* ont des cerveaux & preſque des viſages & des tailles de femmes ; incapacité de contention d'eſprit, défaut de tenue, charmante frivolité, beſoin toujours renaiſſant d'impreſſions variées, ils leur doivent tout juſqu'aux mines. Mais le principal des dons qu'ils en aient reçus, c'eſt cette manière expéditive d'offrir & de prendre des déciſions pour des jugemens, & des mots pour des idées en tout ce qui n'est pas du ressort de la sensualité.

Est-il étonnant qu'à la suite d'une pareille révolution, ce qui étoit en bas se trouve en haut; que les propos, les écrits & les mœurs qu'on louoit soient décriées & ridicules; que ce qu'on nommoit injurieusement *impertinence*, corresponde à présent à ce que nous nommons amabilité, savoir-vivre ? Quelles clameurs se fussent élevées jadis contre un jeune homme, qui auroit fait l'éloge de son meilleur ami, de son modèle, en l'appelant un *roué*? les bégueules en fontanges auroient pris la fuite, pour ne plus entendre une semblable horreur.

Ils *respectoient* les dames, nous *adorons* & nous *avons* les femmes, non pas les nôtres, cela va sans dire. Celles-là veilloient à leur ménage, soignoient leurs enfans, avoient de la religion, parloient raison, décence, &c.; celles-ci jouent, courent, nouent & rompent des intrigues, s'habillent en maquignons, font philosophes, bâillent à des lectures, protègent des auteurs, n'ont ni foi ni loi, ruinent leurs créanciers & paient leurs dettes de jeu dans le boudoir; disent d'un drame horrible : *délicieux !*... *d'une fraîcheur*....;

disent d'une petite farce bien obscène, qui eût passé, du temps de Boileau, pour une scandaleuse bêtise, *sublime ! céleste ! divin !* & parlent autant & mieux d'histrions qu'on ne parloit alors des jésuites & de Port-Royal. On offensoit autrefois les femmes mariées en affichant de l'amour pour elles ; on offense aujourd'hui une *élégante* en l'*adorant* trop discrètement. « Il est difficile, disoit M. l'abbé » Girard, de décider en quelle occasion l'outrage » est plus grand, ou de ravir aux dames par » violence ce qu'elles refusent, ou de rejeter avec » dédain ce qu'elles offrent : (1) » Question résolue, monsieur l'abbé. Le flambeau de la philosophie ne laisse rien de ténébreux en morale.

---

(1) *Synonymes françois*, par M. Girard, de l'académie françoise, édition de M. Beauzée ; aux mots *affront, insulte, outrage, avanie.*

CHAPITRE XXVIII.

Oreilles chatouilleuses.

De cette théorie & de cette pratique combinées, de l'influence & de la transmission circulaire des femmes à la mode & de leurs habitudes physiques & intellectuelles, il est résulté en nous une délicatesse de tact, une *susceptibilité* d'oreille que n'avoient pas les anciens. Nous voyons nos idées familières jusques dans un mot qui n'y a aucune relation; car l'impertinence consiste autant en une suppression de rapports raisonnables, qu'en une supposition de rapports illusoires & absurdes, la *non-appartenance*, la *non-convenance* s'effectuant également par ces deux procédés.

Il falloit tout dire à nos aïeux pour qu'ils saisissent une gravelure; il nous suffit de la plus foible ressemblance de son, nous sommes partis, notre esprit travaille, les sens réagissent, déjà l'acte lui-même est comme sous nos yeux; de façon que riches, opulens en impertinence nous en prêtons à ces graves auteurs qui la détestoient & se doutoient aussi peu qu'elle deviendroit *élégance*, *urbanité*, qu'ils imaginoient qu'un jour les mots, *créancier*, *dette*, *faillite*, *jeu d'enfer*, *perfidie*, *noirceur*, *jouissance*, &c. n'affecteroient plus désagréablement le timpan des messieurs & des dames *du bon ton*, & qu'alors *roué* signifieroit *charmant*, *couvert de gloire*, &c.

En souriant à l'allusion qui est notre ouvrage, nous condamnons cependant le texte innocent où nous la voyons, par une finesse qu'on ne paroît pas avoir encore bien expliquée, & qui prouve peut-être elle seule autant d'impertinence réelle que nos conversations, nos *quolibets*, nos *calembourgs*, notre dessein formé de ne rien ménager, de tourner tout en dérision, & notre conduite.

Si nous avions la moindre modestie nous rougirions, au lieu que nous ne faisons qu'observer en persifflant le trop de liberté de ce qui souvent n'est pas du tout libre. Si nous avions plus de modestie encore, notre imagination ne seroit point allumée par telle expression qui laissoit à froid tous les cerveaux de l'autre siècle. Mais quand on ne connoît, n'aime & ne recherche que des instrumens de débauche, on en apperçoit jusqu'au milieu des nuages. Le cynique est un égoïste qui cesseroit d'être cynique si le vulgaire le devenoit. Nous voulons de l'exclusif pour nous, même en fait de libertinage ; &, comme tous ceux qui s'arrogent un privilége, nous ne rêvons que contrebande, & nous en voyons dans toutes les poches.

Grace à l'inconséquence actuellement dominante, & à l'impossibilité d'une attention soutenue, les mots sont aujourd'hui bien moins les signes de la pensée de l'homme sérieux qui parle ou écrit, que les jouets de la fantaisie des étourdis & des étourdies qui le lisent ou l'écoutent. Nous ressemblons assez à cette baronne qui, assistant à une leçon où le gouverneur du comte son fils expliquoit à ce jeune homme l'usage du dilemme, que les logiciens appèlent un argument cornu, se mit à rire aux éclats, & ne vit plus dans la société, en commençant par monsieur le baron son mari, que des dilemmes.

On a imprimé, sous le nom d'un auteur d'infiniment d'esprit, les réflexions suivantes : « Allez

» dire à une femme que vous trouvez aimable
» & pour qui vous sentez de l'amour : *Madame,*
» *je vous desire beaucoup ; vous me feriez grand*
» *plaisir de m'accorder vos faveurs ;* vous l'insul-
» terez, elle vous appèlera brutal » (le génie avoit
à peine les yeux entr'ouverts) ; « mais dites-lui
» tendrement : *je vous aime, madame ; vous avez*
» *mille charmes à mes yeux ;* elle vous écoute, vous
» tenez le discours d'un homme galant ; c'est pour-
» tant lui dire la même chose... Elle le fait bien,
» qui pis est... rien de ce qu'il y a de grossier
» dans ce *je vous aime,* ne lui échappe. Vous dirai-
» je plus ? c'est ce grossier même qui fait le mérite
» de la chose.... Il faut être bien libertin pour ne
» pas prendre la peine de traduire, quand on n'y
» perd rien, & que la vertu s'en contente. » (1)

Nos vertus modernes ont rendu l'art de la traduction d'une difficulté désespérante. La bonne
compagnie croiroit devenir peuple si elle permettoit
que l'idiôme de ses petits soupers fût publiquement

_____

(1) *Le cabinet du philosophe,* ouvrage imprimé dans la
collection des œuvres de Marivaux, édition complète.

enseigné à la bourgeoisie ; & se réservant toutes les espèces de mérite, elle trouve ce grossier qui l'enchante, même où l'intention n'y est pas. Bientôt on ne pourra plus s'exprimer décemment; le dictionnaire des *roués* englobera dans quelques années toute la langue. « L'auriez-vous jamais soupçonné, » disoit dernièrement un *homme charmant* à sa » coterie ? un archevêque, un précepteur des » enfans de France, M. de Fénélon enfin, a fait » un traité de l'éducation *des filles*. — des *filles ?* » eh oui, vraiment, & cela s'imprime ! »

Tel vers, telle élocution est insoutenable aujourd'hui, qui ne produisoit aucun effet pareil autrefois : nous nous montrons inexorables à cet égard. Lorsque les mœurs sont pures, le langage est plus libre; les mouvemens du cœur étant bien réglés, les mots n'y dérangent rien ; des devoirs chéris & une retenue naturelle s'interposent sans effort entre ce qui se dit & ce qu'on n'a pas l'inclination de faire. Mœurs libres, langues gênées, oreilles chatouilleuses, parce que du dire au faire il n'y a plus que l'occasion. Le vice est-il tourné en philosophie, les Julie d'Etange se livrent très-moralement à leur sage Saint-Preux, & les dames *de Warens* sont des *anges*, des *ames divines*, *célestes* (1) , des modèles de vertu qui couchent avec leurs laquais. Quel mot, après cela, ne court pas le risque d'être incessamment une gravelure ?

---

(1) *Confessions* de J. J. Rousseau.

CHAPITRE XXIX.

Exemples & Contraſtes.

LE plus grave de nos *penſeurs* de coterie pourroit-il, ſans faire ce qu'ils appèlent des gorges chaudes, expoſer avec fidélité la coutume très-ſérieuſe, peut-être ſublime, chez les patriarches, de jurer par la cuiſſe du chef de famille, par ſes *genitalia*, en y portant la main ? Le ſerviteur d'Abraham lui jure ainſi de choiſir à Iſaac une femme dans ſa parenté : Jacob uſe du même ſerment : Joſeph auſſi en Egypte, peu de temps avant ſa mort (1). Mais l'extrême différence des uſages peut dérouter le jugement, l'induire en erreur au ſujet de l'honnête abſolu : bornons-nous à des ſignes qui ne furent deſtinés qu'à peindre des idées d'une décence inconteſtable quelles que ſoient les opinions & les coutumes.

---

(1) *Hiſtoire univerſelle*, &c. traduite de l'anglois par une ſociété de gens de lettres *in-8°*. Paris & Liége, 1780.

Quelle

Quelle actrice oseroit débiter sur le même théâtre où l'on joue avec tant de succès Figaro, l'immoral & *délicieux* Figaro, ces vers de Corneille dans sa tragédie d'Othon ?

» Dis-moi donc, lorsque Othon s'est offert à Camille;
» A-t-il paru contraint ? a-t-elle été facile ?
» Son hommage auprès d'elle a-t-il eu plein effet ?
» Comment l'a-t-elle pris, & comment l'a-t-il fait ? » (1)

Certainement ce ne seroit pas les défauts du style de ces vers qui exciteroient les brouhaha de la galerie & du parterre ; on en écoute si patiemment de plus mal faits, on en applaudit de si barbares !

Nos gens à la mode se permettent tout, se vantent, font gloire de tout entr'eux dans une orgie où ils ont pour confidens leurs valets, dans une petite maison où ils mènent successivement toutes les *impures* & tous les *roués* de la ville ; dans un souper fin, dans un boudoir tapissé de nudités, sous un ciel de glace ; & ils se soulèvent au moindre mot placé, par inadvertance, de manière

---

(1) Pauline ouvre le second acte par ces mots qu'elle adresse à Fulvie.

qu'un mauvais plaifant puiffe en tirer une impertinence. On grave, on imprime, on deffine, on peint, on lit, on chante, on joue en fociété, fous un titre libertin, tout ce que l'œil, l'oreille & les fens qui y correfpondent peuvent dévorer de plus lubrique, & l'on feint d'être fcandalifé d'une expreffion honnête que des turlupins rendent équivoque en la prenant tout de travers.

Ce malheureux mot fît-il partie de l'ouvrage de la morale la plus févère, ou fût-il échappé à l'homme le plus pieux; croyez-vous que la matière du livre ou le caractère de l'homme fufpendront les éclats, les commentaires, les farcafmes? Vous nous connoiffez mal. —— Mais, nous direz-vous, l'un & l'autre font affez ridicules. —— Souverainement ridicules. En condamnant ce mot, auriez-vous quelque defir qu'ils le paruffent moins? —— Eh! non, vous n'y êtes pas; avec cette difparate ils le feront davantage. —— Prétendiez-vous qu'ils foutinffent mieux, l'un le ton auftère du fujet & l'autre fon perfonnage? —— Nous ne nous piquons point de ce genre de tenue dans les idées. —— Que voulez-vous donc? —— Avoir, comme de raifon, notre jufte & bonne part à cet éloge de l'impertinence.

Il y a plus : telle femme très-respectable, car elle habite un hôtel somptueux, & porte vingt mille écus son petit doigt ; cette femme commet une indécence avérée chaque fois qu'elle vient dans sa loge à l'année, dans sa loge-boudoir ; indécence que tout Paris sait le lendemain par l'indiscrétion de jeunes gens qu'elle ne verroit pas s'ils avoient la sottise de se taire ; eh bien ! la pudibonde personne se révolte, pousse les hauts cris pour une image un peu vive, un trait leste qu'elle croit avoir trouvé dans un rôle de soubrette. Quels motifs assigner à ces contradictions de tous les momens ? l'inconséquence & l'avarice du voluptueux, la crainte qu'il a, sans s'en douter, que le plaisir ne perde de son prix en s'éparpillant, en devenant vulgaire.

La trivialité, si l'on peut user ainsi de cette expression ; déflore tout objet du desir ; ce qui délecte une société close, indigne des esprits & des cœurs trop *délicats* pour ne pas avoir de la répugnance à mettre en commun avec le peuple celles de leurs jouissances qu'il ne peut augmenter en y participant. Une farce est-elle médiocrement libre ; on la joue au boulevard pour le peuple ?

l'eſt-elle davantage ; le beau monde y accourt ? l'eſt-elle à l'excès ? on la réſerve pour le théâtre d'une riche danſeuſe, d'une grande dame, d'un opulent amateur, ou d'un amateur qui *ſinge* l'opulence aux dépens de ſes créanciers, ce qui fait le même honneur dans le monde où l'on juge philoſophiquement de l'honneur.

CHAPITRE XXX.

Affiche de richesses.

Est-ce l'une des causes ou l'un des effets de l'impertinence à la mode, que cette manie presque universelle de paroître plus riche qu'on n'est? ici tout est cause & effet en même temps. Dès que les passions furent flattées, on n'estima que l'or qui sert à les satisfaire; dès qu'on n'estima que l'or, chacun voulut en avoir beaucoup, & le plus grand nombre recourut à l'industrie ou à la feinte.

Les richesses suppléent tout, vertus, talens; on dut naturellement s'engouer d'un expédient aussi simple. Il ne fallut plus que doubler, tripler, décupler sa dépense, pour doubler, tripler, décupler son mérite, & l'estime s'accrut à proportion. Il est si vrai que la richesse procure plus que ce qu'on en achète dans le commerce, qu'il y a même de la gloire à la dissiper sans utilité, à jeter, comme on dit, l'or & l'argent par les fenêtres, pourvu que les sommes qu'on perd ainsi donnent une haute idée de celles qui restent.

Au fort du systême de Laws (peut-être l'un des premiers mobiles de la philosophie du siècle & de ce génie moderne, si dignes de devoir leur origine à l'empirisme politique), des actionnaires firent chauffer des ragoûts avec cinquante mille francs de billets de banque, par un mouvement de vanité qui prouve, mieux que ne le feroient de longs raisonnemens, le degré de considération qu'on retire même du plus ridicule abus, de l'emploi le plus stérile de la richesse.

Un *penseur* nous a démontré que le respect étoit toujours attaché au pouvoir, & que l'or & l'argent étoient les représentans de tout pouvoir quelconque, le nerf des états & le principe déterminant de toute faculté sociale; c'est pourquoi chacun veut paroître en avoir le plus qu'il peut. De-là le luxe, si justement vanté par nos législateurs en brochures; de-là cette émulation des diverses classes des citoyens, leur zèle à imiter les riches au dépens de qui il appartiendra; de-là cette confusion des rangs dans la société, heureuse suite du bel ordre que ces maîtres de l'opinion ont mis dans leurs idées & dans celles du peuple. Vous croyez, vous étranger, aborder un grand seigneur; point du tout : c'est un comédien, un coëffeur de dames, un brocanteur. Vous vous rangez pour laisser passer une dame de condition; on vous dit tout bas : c'est une marchande de modes, ou la femme d'un cabaretier, &c. De l'autre côté, vous prenez pour un palefrenier un homme de naissance; il a peur qu'on ne le respecte. Les extrêmes se touchent.

On sait que tel mari n'a que deux mille écus d'appointemens, sa discrète moitié n'en dit pas moins qu'il lui faut vingt mille francs par an pour elle seule : le plaisant, c'est qu'elle les dépense. Pascal, ce misanthrope, qui, au milieu d'épaisses fumées, jette par fois quelques lueurs, prétend que le mérite personnel est sagement apprécié sur le nombre des laquais. « Que l'on a bien fait, dit il,
» de distinguer les hommes par l'extérieur plutôt
» que par les qualités intérieures ! qui passera de
» nous deux ? qui cédera la place à l'autre ? le
» moins habile : mais je suis aussi habile que lui.
» Il faudra se battre sur cela. Il a quatre laquais,
» & je n'en ai qu'un; cela est visible, il n'y a
» qu'à compter; c'est à moi à céder, & je suis un

» fot fi je le contefte (1). » Jamais on n'eut plus de mérite perfonnel ; la foule des laquais augmente journellement.

Combien ce befoin d'une richeffe réelle ou extérieure ne multiplie-t-il pas les véritables impertinences ! L'époufe qui diffipe quatre fois plus que fon mari ne gagne ou ne vole ; le fils qui s'endette à l'infu d'un père dont la mort n'acquitte pas, à l'échéance, des billets qu'on renouvelle en les doublant ; la *fille* qui fe fait, avec l'or de vingt locataires, un fort affez *honnête* pour figurer *décemment* parmi fes pareilles ; les pères qui lui donnent le patrimoine de leurs fils & la dot de leurs filles pour montrer qu'ils font généreux, & qu'ils font bien les chofes ; les mères & les tantes qui jouent dans une nuit la fubfiftance de cent familles, empochent le gain & paient les pertes en billets doux à vue au petit jour ; toutes ces fpéculations, jadis fouterraines & rares, maintenant publiques & quotidiennes, par lefquelles le jeu & le luxe des femmes mettent un impôt direct fur toute affaire ; l'activité lucrative de tant de folliciteufes,

---

(1) *Penfées morales*.

si insinuantes, qu'il est peu d'hommes puissans à qui l'on n'arrive par toutes ces dames ; des caissiers qui font valoir l'argent d'autrui, & l'emportent s'il n'en produit pas de quoi faire briller leurs maîtresses ; d'aimables coteries de gens qui ne se réunissent que dans la fraternelle intention de s'acharner à la ruine les uns des autres ; des hommes au teint de la couleur du tapis ; des belles aux joues nacarat, au nez & au menton orange ; de longues nuits passées à répéter : *à vous, à moi, va tout, je tiens*, ou à vomir d'énergiques imprécations contre un ciel où l'on s'efforce de croire qu'il n'y a rien que l'espace, &c. ; tous ces traits rapprochés à la hâte, & qui ne forment pas la centième partie du *tableau social*, mettent l'espèce de considération qu'on attache à l'extérieur des richesses, au nombre des élémens de notre savoir-vivre, de cette impertinence, le chef-d'œuvre de l'ennui.

CHAPITRE XXXI.

Bénéfice de l'ennui.

Pour l'ennui, ce qu'on peut en dire saute aux yeux. Le lecteur nous pardonneroit-il d'abréger ce chapitre, si nous le pouvions, contre l'usage immémorial si religieusement observé dans la haute littérature ?

Un de nos philosophes a prouvé sans replique, par ses ouvrages qui ont achevé l'éducation & mûri l'entendement de notre savante jeunesse, que l'ennui est le grand principe de la perfectibilité humaine. A quel point nous devons être parfaits ! nos peuples civilisés, nos élégans des deux sexes, si dispendieusement amusés & toujours inamusables, s'ennuient à périr. Ceux d'entre les citoyens qui s'occupoient autrefois ou se plaisoient au sein de leur ménage, s'ennuient tellement aujourd'hui, que vingt théâtres, tant publics que particuliers, des *clubs* &. des cafés, des assemblées académiques où l'on bâille, où l'on s'attendrit, où l'on applaudit comme à des drames ; des brelans, les guinguettes, les redoutes, les exécutions de la grève & quarante mille *filles*, ne suffisent pas pour les divertir. Des frais inouis, une protection signalée, toute l'industrie d'entrepreneurs qui avoient à sauver leur fortune & leur *gloire*, n'ont pu soutenir un colysée, que l'ennui a fait déserter. Ce spectacle est bien intéressant pour les amis de l'humanité, depuis qu'un sage a daigné les mettre dans la confidence de la nature.

Les Iroquois, les Hottentots, un stupide nègre, chassent, pêchent, courent, se battent, tressent des nattes, mangent, boivent, dansent, rient & dorment, & ne s'ennuient pas ; cela seul démontre, mieux qu'un discours oratoire, la supériorité de la civilisation philosophique sur l'état de sauvage. Il est probable que les Orang-outangs feroient des almanachs, des cahiers de costume, des énigmes, des logogryphes, des charades, des dissertations économico-politiques & des éloges, s'ils avoient le bonheur de s'ennuyer autant que nous.

Citons une pensée très-ingénue, que nous avons lue en 1777 dans un journal qui ne sauroit être suspect ; car, quoiqu'il soit assez souvent juge &

partie en fait d'ennui, ce sujet n'en est pas moins de sa compétence. « Entre toutes les sensations » qu'un homme raisonnable éprouve dans le monde, » l'ennui est celle qui domine. Démocrite rit, » Héraclite pleure; le vrai sage se place entre » deux & bâille (1). » Cette petite scène est d'une vérité frappante, & sert aussi à distinguer le philosophe ancien du philosophe moderne. Entre des tabarins, des persiffleurs, des dramaturges & des jérémiades, nos sages & leurs affiliées bâillent en chorus de la manière la plus satisfaisante pour l'observateur éclairé qui, voyant d'un œil perçant les effets dans les causes, les fleurs dans leur oignon, les fruits dans leur germe, calcule combien cet ennui promet d'ouvrages excellens, & combien il répandra d'aménité sur la vie, la conduite, les propos, les arts, les sciences, le génie, & jusqu'au milieu d'une salle où l'on taille, on ponte, on perd, on gagne, &c.

De cet inextinguible ennui naissent cette pétulente mobilité qui cherche vainement à s'y soustraire; ces parties de débauche enchaînées l'une

---

(1) *Pensées diverses*, par M. P.

à l'autre, afin de ne pas lui laisser d'accès & où tout l'introduit; ce vide habituel d'idées qui nous oblige à être des *penseurs* pour en avoir; cette diminution de l'esprit naturel, qui n'en laisse que plus de marge, qui ouvre un champ sans limite à l'esprit qu'on fait; l'impatience de changer ce qu'on a, celle d'exécuter l'impossible; ce desir d'abuser de tout, auquel se prêtent si généreusement des femmes qui ne refusent rien, &c. Qui n'apperçoit dans l'ennui la source la plus abondante du genre de sociabilité que nous tâchons de caractériser, seul moyen de le louer utilement?

CHAPITRE XXXII.

Progrès du bourgeois.

SI des principes on vient aux conséquences, quoi de plus avantageux que cette impertinence polie, telle que tout lecteur sevré de préjugés la concevra comme nous ? Vue, reftreinte dans ce qu'on appèle proprement les airs, elle établit une différence senfible entre l'homme à la mode, l'homme effentiel & l'homme obfcur, l'homme de rien, l'*efpèce*; entre la bonne compagnie, & le commérage d'individus mécaniques & laborieux ; entre les têtes à génie, & les têtes à perruque ; entre les *agréables*, & les mauffades imitateurs de la civilité gothique ; civilité qui n'eft plus même le partage du bourgeois aifé, ni de madame fon époufe, que nos marquis, nos comtes, nos chevaliers de comédie & d'induftrie forment fingulièrement depuis quelques années. Ainfi que la philofophie l'avoit prévu dans fes centuries, la lumière fe communique de proche en proche.

Ne commence-t-il pas déjà, pour fon début, à parler haut fans s'écouter, à fredonner devant un fupérieur, à pirouetter dès qu'il s'agit de raifon, à coudoyer le bas peuple, à l'éclabouffer, à regarder les femmes d'un certain rang avec prefqu'autant d'effronterie qu'elles en montrent à le toifer; à lorgner les jeunes perfonnes à bout touchant & jufques fous le fichu ; à dépouiller fa famille pour fe faire un nom dans les tripots; à porter fes effets au mont-de-piété, pour donner un *pouf* à une fille avec laquelle il veut aller décemment aux grands-danfeurs ? Ne difpute-t-il pas déjà d'infolence avec les valets des feigneurs, ce qui le rend fort aimable aux yeux de fes voifines ébahies de fon ton noble, & le fait confidérer des ouvriers & des marchands qu'il paiera bientôt en injures ? Dans un parterre, au lieu d'écouter la pièce, il crie, hurle, cabale, injurie, joue à la main-chaude. Des bancs n'arrêteront point fa fougue; qu'on faffe un effai de fauteuils académiques, il y dormira peut-être.

Sa digne moitié, un peu plus avancée que lui,

grace aux heureuses dispositions de ce sexe privilégié, doit avoir non-seulement un coëffeur, un tailleur qui lui prenne la mesure, & un accoucheur, mais encore un pédicure pour ses cors, un joli chirurgien pour son cautère, un odontalge pour ses dents postiches, un oculiste pour son œil d'émail, & un émule du sieur Chaumont applique tous les mois à la gracieuse dame son toupet naturel, avec une pommade *attractive*.

Il faut un feu pour madame, comme il faut un feu pour monsieur (on se bornoit jadis au feu de la cuisine); & madame écrit des billets sans fin. Cette manie de foyers solitaires, & celle d'écrire pour rien, donnent lieu à deux sortes de consommations qui jamais ne furent si excessives. Tous les chiffons du pays ne fournissent plus assez de papier aux presses & pour les billets du matin, &c. Le bois devenu d'une cherté horrible, ne se régénère pas assez vîte pour fournir à tant de feux qui ont remplacé le foyer domestique & paternel, autour duquel la famille étoit plus aimante & plus honnête. A voir la manière dont nous dévastons les forêts, on croiroit que nous craignons de redevenir sauvages.....; mais où nous entraîne le génie ?

génie ? Revenons à notre bourgeoise à la mode.

Elle ne sort jamais en s'appuyant sur le bras de monsieur, qu'elle ne se demande en rougissant : que dira-t-on ? Afin d'être libre, aussi libre qu'il lui est possible, elle a mis sa fille au couvent. On assiste chez elle à des concerts qui sont suivis d'une *bouillote*. Elle soupe en ville, joue sur sa parole, rentre à deux heures après minuit, accorde le matin des audiences en manteau de poudre entr'ouvert, & c'est dans sa chambre à coucher, à la foible clarté de rayons que des rideaux colorent en rose, qu'elle règle ses comptes, paye le courant & les arrérages du jeu au jeune homme bien élevé qui ne divulguera pas ce qu'il a gagné. Madame invite, ordonne, achète sans consulter monsieur, & lui renvoie les mémoires ; lit des romans, juge, trouve *superbe* ou *horrible* ; choisit ses amis *du plus beau physique*, &c.

Il ne lui manque, en vérité, qu'un hôtel, un équipage, des laquais, un cuisinier, un ou deux philosophes caudataires, & des vapeurs ; mais tout cela tient à presque rien. Qu'elle & son mari se faufilent plus honorablement ; qu'ils apprennent à corriger la fortune ; qu'ils aient souvent de bonnes

M

cartes; qu'ils faſſent une couple de banqueroutes, ou qu'ils dictent quelque teſtament; le luxe rehauſſera leur mérite, & les philoſophes & les vapeurs viendront bien ſans qu'on les cherche.

CHAPITRE XXXIII.

Principes moraux.

Par son intimité avec tous les principes moraux, l'impertinence, qui n'est, en dernière analyse, que le philosophisme-pratique, débarrasse ceux qui s'y livrent de mille soins minutieux, importuns, avilissans, assommans, & d'autant de scrupules dont alors on ne fait que se moquer. Plus de servitude, plus de craintes, plus de remords, plus de synderèses.

La jeunesse n'est plus liée à la ceinture de vieux parens moraliseurs, fâcheux, exigeans. Ils n'avoient, suivant notre philosophie moderne, que le droit de nourrir, de protéger, de servir leurs enfans. Dans toutes les espèces d'animaux, aujourd'hui nos modèles de prédilection, & dans le règne végétal, si instructif en morale, la nature n'a pour but que de reproduire, & sacrifie constamment les prédécesseurs aux successeurs. On voit que les *penseurs* font des pères & des mères une classe particulière de gouverneurs & de gouvernantes domestiques, payés d'avance de leurs peines par le plaisir qu'ils ont eu, & qui doivent s'estimer fort heureux s'ils ne meurent pas de faim après avoir mis au monde un enfant rempli de génie.

Celui-ci les raille, les *mystifie*, les fuit en leur laissant à peine un revenu alimentaire. S'il a le secret d'y réussir, il est dispensé d'essuyer leurs larmes, de partager leurs douleurs, de soulager leurs infirmités. En consacrant aux voluptés des capitaux qu'ils enfouiroient ou qu'ils dépenseroient sottement en œuvres pies, il attend la mort de ces radoteurs comme un dernier service de leur part; & l'absence & les distractions écartant même jusqu'aux impressions machinales que pourroit causer le hideux aspect d'une agonie, il apprend avec joie ce qui ne lui auroit causé que de la désolation s'il n'eût pas été, pour ainsi dire, cuirassé d'impertinence.

Entre amis, la bourse, le crédit, la volonté & les moyens d'obliger sont le thermomètre des égards & de la tendresse qu'on se témoigne réciproquement. Ruiné à midi, quitté le soir, sans regret, sans déchirement de cœur; c'est ainsi que vous oubliez dans un tiroir le sac qui ne contient plus d'argent, ou que vous froiffez & jetez le papier qui enveloppoit un rouleau de louis mis & perdus fur une carte. Si l'homme dénué de toute efpérance implore dés fecours, il a la pefte. Ne pouvez-vous plus me fervir ou m'amufer, cherchez ailleurs qui vous aime ; quand je ne vous ferai bon à rien, ne m'aimez plus : voilà le pacte tacite qui fait la bafe de nos *liaifons fentimentales*, d'après le grand principe de l'utilité préfente ; fource unique de tout attachement & de toute juftice, felon nos fages.

Jadis les philofophes vivoient, dit-on, affez mal avec leurs préceptes ; les nôtres, pour éviter cet inconvénient, ce fcandale, ont adopté des maximes fi commodes, de fi bonne compofition, qu'il eft extrêmement aifé de vivre avec elles. De meilleure foi que les anciens, & par-là plus perfuafifs, ils peuvent donc, s'ils le veulent, nous inftruire par des écrits & par des exemples. « Le » fentiment n'eft point libre, nous difent-ils... » les paffions fobres font les hommes communs... » le bonheur eft tout ce qui flatte le corps... (1) »

---

(1) *Des Mœurs.*

Les *femmes galantes* font plus néceſſaires dans un état bien policé que les femmes honnêtes. « Celles-ci nourriſſent des citoyens utiles... & celles-là... les ennemis de la nation... la débauche n'eſt pas une tache à la gloire, (1) &c. » Cette dernière penſée donne la plus belle étendue à l'acception des mots *femmes galantes*. Il faudroit être de bien mauvaiſe humeur, pour ſe plaindre de l'excès de rigueur que préſentent de pareilles maximes & tant d'autres qu'il ſeroit trop long de rapporter ; car il n'en eſt pas de favorables à tous nos penchans, à la ſenſualité ſur-tout & à la cupidité ; il n'en eſt pas que ces *penſeurs* n'aient publiées ; & l'on peut compter que leur doctrine ne s'eſt relâchée en aucun point.

Auſſi les gens à la mode, les zélés partiſans de cette doctrine animale en embraſſent-ils la totalité du ſyſtême. Chacun d'eux a, trompe, affiche autant de femmes qu'il lui eſt poſſible, & ne ſe mêle ni ne s'inquiète de la conduite de celle qu'il épouſe. Elles ſont convenues qu'il y auroit beaucoup d'honneur de part & d'autre dans leurs

---

(1) *De l'Eſprit.*

intrigues, leurs perfidies, leurs noirceurs charmantes. Quant à la raison, à moins qu'on ne soit un visionnaire, un dévot, un cagot, un cuistre, un fourbe, un fanatique, on tombe d'accord aujourd'hui que la lubricité est aussi raisonnable que la plus vertueuse des inclinations naturelles ou factices de l'homme & de la femme en société civilisée.

Bayle n'avoit-il pas dit avant nos *penseurs :* « Je crois, en général, que tout ce qu'on appèle » plaisir des sens, est en effet une chose très-spi- » rituelle (1) ? » Les dames & les messieurs qui se nomment exclusivement *la très-bonne compagnie*, ont, sans exagération, tout l'esprit imaginable, & ne connoissent guère & ne cherchent avec ardeur que ces plaisirs-là. Bayle étoit un vigoureux raisonneur, & leur conduite devient sa preuve : rien de si spirituel que la débauche. Nous ne croyons pas qu'un Arnaud, un Nicole, un Malebranche perdît son temps à nous contester l'évidence subjugante de cet axiome. « Pourquoi,

---

(1) *Nouvelles de la république des lettres. Epicuréisme. Epicure.*

« demandoit un oſtrogoth, les bêtes ne font-elles
« l'amour qu'à certaine époque de l'année, &
« feulement pour procréer des petits ? — Parce
« que ce font des bêtes, lui répondit quelqu'un
« qui ne l'étoit pas. »

L'impertinence-pratique eſt non-ſeulement utile
pour le préſent, mais les avantages ineſtimables
s'en étendront encore ſur les races futures, ſi nos
frêles enfans peuvent avoir lignée. Eſt-on d'un
état conſidéré dans le beau monde ? on paye,
au plus bas prix poſſible, des étrangers, de *pauvres diables* qui ſe chargent d'élever une progéniture auſſi chérie du père & de la mère que
ceux-ci ſe chériſſent l'un l'autre; & on s'arrange
de façon à ne laiſſer à ces ſucceſſeurs énervés qu'un
nom qu'ils traîneront, & les droits de leurs aïeux
à la vénération publique & aux récompenſes. Madame n'a-t-elle que des filles ? le *penſeur*, ami de
la maiſon, l'intendant ou le maître-d'hôtel lui procure une gouvernante dont il répond.

En 1764 on annonça, par la voie des journaux,
une maiſon d'éducation où, pour dix mille livres
de penſion annuelle, tout enfant ſeroit ſoigné,
inſtruit, verroit tous les ſpectacles, & dîneroit

avec les plus fameux artiftes. Ce plan d'inftitution a plufieurs côtés philofophiques. D'abord beaucoup d'argent, enfuite les fpectacles, l'école des mœurs, & ces dîners d'artiftes qui paieroient leur écot en formant de petits encyclopédiftes ; rien de mieux *penfé :* mais un femblable établiffement ne pourroit avoir lieu que dans le pays d'Eldorado. Les jeunes garçons y jouant avec des palets d'or, leurs parens fe réfoudroient, fans doute, à en donner la valeur de nos dix mille francs pour une éducation qu'au bout du compte on fait auffi bien ici moyennant deux ou trois cents écus par an, quand, fur la recommandation d'un bureau d'efprit ou de génie, on a mis fa confiance en quelque jeune philofophe qui fait tout.

Des fubftitutions vous empêchent-elles de dévorer l'héritage de votre fils ? jouiffez de tout pendant fon enfance ; que fon éducation ne retranche rien à vos defirs. Fût-il élevé par un laquais, le fût-il par vous-même, fi vous en aviez le temps, avec un nom & de l'or n'aura-t-il pas toutes les fortes de mérite ? En courant après les plaifirs, il atteindra la gloire ; pour lui les graines de myrte germeront en lauriers ou en branches de chêne (1); & quand les voluptés auront raſſaſié l'ambition, en ſe repoſant des travaux de tête ſur des ſubalternes qui s'en remettront à d'autres, il n'en aura pas moins tout imaginé, tout créé. Uſé long-temps avant la vieilleſſe, il finira par devenir imbécille, ou bien il croira s'évanouir, & mourra ſans l'avoir prévu. S'il éprouve des douleurs aiguës, ſi l'opiniâtre inſomnie menace de ne lui épargner aucune des horreurs d'une lente deſtruction, les vertus du laudanum ſuppléent toutes celles des moraliſtes : *moriatur anima mea morte philoſophorum*, diſoit le célèbre académicien de Maroc (2); & une barre ſéparera, dans les affiches, l'homme *comme il faut* des ſimples bourgeois dont il étoit ſi différent pendant ſa vie.

---

(1) La couronne civique étoit faite d'une branche de chêne.

(2) L'*Aben-Roës* (*fils de Roës*) des Orientaux, que nous, qui en ſavons plus qu'eux, nous nommons *Averroës*, profeſſa la philoſophie, la juriſprudence & la médecine dans l'académie de Maroc, ſous le troiſième roi de la race des Almoades.

CHAPITRE XXXIV.

Avantages inestimables.

EN tout ceci, que d'ennui d'évité, malgré ce qu'il en reste pour le courant, pour l'aliment journalier de la philosophie! que de fortunés momens on pourchasse! que de délices on voit continuellement en perspective! que d'illusions ravissantes se succèdent dans un cerveau bien organisé! à l'opium près, & si l'on en omet quelques autres ressources de la sagesse à la mode & de la pharmacie, contre les réflexions, les remords & la théologie, un chien, oui, un chien ne vit & ne meurt pas mieux qu'un *penseur*, que le coryphée de la bonne compagnie; convenons même qu'un chien est fort loin de vivre & de mourir aussi bien qu'eux: le mot *cynisme* né seroit plus qu'une foible expression de leur manière d'exister & de cesser d'être, suivant le système ingénieux qu'ils accréditent.

Nous ne saurions trop comparer l'animal, la

brute, le cheval, l'âne, le finge, le chien, nos modèles en philofophie, aux *agréables*, aux *roués* leurs copies, pour la gloire de ceux-ci, & afin de juger à quel degré les copies font fupérieures aux modèles.

L'animal ne mange & ne boit que lorfqu'il a faim & foif, & ne defire que ce qui lui convient en qualité & en quantité; l'homme du beau monde fe gorge, fans appétit, de mets qui lui en donnent; préfère les vins mouffeux & les liqueurs fpiritueufes aux boiffons faines, fe prépare des maladies avec une infouciance admirable. L'un ne connoît qu'un amour périodique; l'autre paffe d'excès en excès. L'un prend un exercice falutaire; l'autre fe fait porter ou traîner, & croiroit déroger en fe fervant de fes jambes. L'un dort autant qu'il en a befoin pour fa fanté; l'autre s'épuife à veiller; avare d'un temps que la débauche & le jeu rendent infiniment précieux, il n'en accorde au fommeil que le moins qu'il eft poffible. L'un fuit, d'un cours monotone, l'inftinct qu'il reçut de la nature; l'autre voudroit pouvoir n'être en tout que fon propre ouvrage, attribuer les fonctions du cœur à l'imagination, bouleverfer les deux fubftances, en détruire une pour la félicité de l'autre, réduire l'ame au mécanifme des fens, éteindre fa raifon, & y fubftituer les aigrettes électriques d'un efprit artificiel dont les fortes explofions font actuellement des coups de génie, &c. &c. &c.

Réfumons cet intéreffant parallèle. L'un jouit du préfent, ne s'inquiète guère de l'avenir, &, fenfible & fier à fa manière, déchireroit à belles dents l'indifcrète & funefte créature à laquelle il devroit la faculté de prévoir qu'après la mort il n'exiftera de lui qu'une charogne; l'autre abufe du préfent, cherche jufques dans le paffé des moyens d'abufer de l'avenir, & invoque le néant pour le moment où l'organifation délabrée ne pourra plus fatisfaire au defir d'abufer encore. L'un meurt par accident ou de caducité, & l'autre, vieillard imberbe, adulte cacochime, n'eft furpris par la mort que lorfque, en démentant des efpérances trompeufes, elle prévient un projet de fuicide.

On n'imagine pas d'abord combien la doctrine du néant eft confolante & gaie aux yeux de nos philofophes. Ce font de ces impertinences majeures que n'atteignent jamais bien décidément

majeures que n'atteignent jamais bien décidément ceux qui s'en vantent le plus; & quand on y parvient, on y eſt plus porté par ſes mœurs, que par ſes idées. Rabattons-nous ſur des inconſéquences qui ſoient à notre portée.

CHAPITRE XXXV.

Objets du bon goût.

Celles qui font relatives au bon goût donneroient matière à des difcuffions interminables, fi toute difficulté à cet égard n'étoit tranchée à fa racine par le proverbe: il ne faut pas difputer des goûts. Notre goût eft le meilleur; on fe défigure pour nous copier, depuis le golfe de Finifterre jufqu'au golfe de Finlande : c'eft donc nous qui poffédons le bon goût: ne nous querellons pas là-deffus, quoique les querelles foient d'affez bon goût en littérature polémique & à propos de fujets graves.

« Entre le *bon fens* & le bon goût, il y a la
» différence de la caufe à fon effet, difoit la
» Bruyère (1). » Nous y trouvons, ou nous y mettons bien d'autres différences vraiment; mais prenons, pour le moment, ce la Bruyère au mot;

---

(1) Caract. chap. XII.

ayons la loyauté d'oublier ici qu'il écrivit dans un siècle que nous n'aimons ni n'admirons depuis que nous avons du génie. Plus de bon sens, plus de bon goût, en concluroit un esprit cauſtique; car ces sortes d'eſprits raiſonnent que cela fait pitié. Voici notre réponſe. *Point de bon ſens*; convenu, nous en tirons vanité; on le raille, il excède; on le perſiffle, le peuple même commence à n'en vouloir plus. *Point de ce bon goût* dont le *bon ſens étoit la cauſe*; à merveille, rien de ſi viſible, chez les gens à la mode, s'entend. Mais leur goût, le goût des *roués* & de leurs dames, le goût des *penſeurs*, le goût des philoſophes, eſt d'autant mieux le bon goût par excellence, qu'ils ſeroient tout honteux s'il avoit le moindre veſtige, ſeulement l'ombre du bon ſens, du ſens commun.

Nous le prouverions démonſtrativement par dix pages de —, de =, de <, de ::, de x, de z, ſi nous croyons la choſe douteuſe; &, même avant de les lire, les détracteurs du bon goût moderne tiendroient leur cauſe perdue: il n'eſt point d'entêtement qui réſiſte au grimoire philoſophique, nos *penſeurs* terraſſent ainſi leurs adverſaires dès l'ouverture du livre. Sans déployer tout l'appareil

des

des forces du génie, on peut ramener, comme du bout du doigt, ceux de ses détracteurs qui conservent quelque bonne-foi, aux grands principes heureusement éclos depuis une trentaine d'années.

Ces principes sont la liberté, la licence, la non-convenance, la non-appartenance, la confusion volontaire de tous les rapports. Anciennement le goût se composoit d'une multitude inextricable de règles ou établies ou supposées ; nous abjurons toute espèce de règles. Elles arrêteroient, appesantiroient, endormiroient, étoufferoient le génie. Il brise ces entraves pour voler en tout sens au grand, au neuf, à l'étonnant, au pathétique, au sublime, au ravissant. Avouons-le franchement, nous n'avons, ou du moins si nos progrès ne se ralentissent pas, nous n'aurons bientôt plus que le *goût du génie*. Ne pourroit-il pas être défini *philosophiquement* : « *l'apperçu pensé* & non-*obtus*
» des *formes* visibles, palpables, auditives & *sen-*
» *timentales* que le génie à la mode veut qu'on
» approuve ou improuve en criant tout simple-
» plement & sans exagération, au prodige ou à
» l'horreur ? » Mais laissons, avec la modestie d'un élève, cette définition à refaire à nos experts-jurés

& profeſſeurs en galimatias double. Quelques indications vagues nous feront entendre de reſte.

A ce bon goût ſont dus preſque tous les ajuſtemens des dames ; nous n'oſons pas les qualifier de parures, ils les parent ſi peu ! Leurs choux de ruban ſi diſproportionnés qu'il y faut un ſoutien qui donne une charmante roideur aux contours flexiblse du nœud & détruit la mobile légèreté du tiſſu ; leurs panaches & leur toupet qu'un ſauvage envieroit en partant pour ces petites guerres où l'air effrayant eſt auſſi utile que la force ; ces ceintures qui ne ſerrent & ne relèvent rien, & qu'on applique finement ſur une taille pincée, formée de lignes droites ; ces fichus menteurs avec leſquels elles reſſemblent à des pigeons bouffis de vent, & qui ſe rangorgent ; leurs chaînes d'oreilles dont elles ſe battent les épaules & le viſage en ſe retournant bruſquement de tout côté pour déployer les graces de la pétulance ; ces boſſettes qui ſe ſont ſi fort agrandies en paſſant du mors du cheval à la ceinture de nos élégantes ; leurs habits de drap, tandis que les hommes & même les héros ſont en ſatin ou en taffetas ouaté ; ces boutons de deux pouces de diamètre qui bleſſent des mains délicates, & rapetiffent les yeux par la comparaifon; ces cheveux flottans qui faliffent les habits & les meubles, & qui fe caffent & tombent plutôt: n'infiftons pas fur le blanc & le rouge, leurs mères s'en embelliffoient prefque autant qu'elles.

On doit au bon goût moderne ces étoffes fi minces & fi ruineufes, qui font circuler l'argent qu'on gardoit autrefois pour une dot ou pour quelque entreprife; dot que remplacent aujourd'hui le favoir-vivre, entreprife qui fe fait par foufcription; cette vogue des linons qui a procuré du loifir à une foule d'ouvriers en foierie. Nous lui devons auffi ces belles coëffures de *penfeurs*, qui ajouteroient tant au prix de leurs idées s'ils en mettoient des gravures plus fidelles à la tête de leurs œuvres complètes; ces alphabets fur des fracs du matin pour fuivre fes cours; ces boucles de fouliers plus grandes que celles des harnois; les raies & les couleurs tranchées qui bigarrent nos habits; ces *coftumes parlans*, en arras & en zèbre; ce déshabillé prefque continuel des dames & des meffieurs; ces chenilles bien ignobles avec lefquelles on prolonge la matinée jufqu'à neuf heures du foir, &c. &c. &c.

C'est le même goût qui expose à tous les regards ces tableaux que les libertins du temps passé couvroient d'un rideau ; ces estampes moins chères & aussi décentes, *la comparaison*, *le verrou*, *la suite du verrou*, *l'écolier en vacance*, & cent autres plus morales, qui disposent nos jeunes demoiselles à penser; ces jolis meubles qui ne servent à rien & se brisent au premier choc ; ces bibliothèques en bois de rose garnies de dos de livres artistement colés sur de la toile pour fermer une armoire à bonbons, à chiffons; ces tapisseries de papier qui ont ruiné tant de fabriques : procédé sain qui auroit rendu des milliers de bras à l'agriculture, si l'on avoit pu alors distribuer aux ouvriers oisifs nos dissertations sur le froment, la vigne, le labourage, les semailles, la farine, le produit net & les pommes de terre.

Tout se tient même lorsque tout est bouleversé, & les conceptions du génie moderne peuvent se comparer à ces petites figures de moëlle de sureau qui, plombées par en bas, se redressent toujours d'elles-mêmes de quelque manière qu'on les jette. Le bon goût qui préside à notre luxe, couvre de marbre blanc jusqu'à des tables de nuit, & dore en or moulu jusqu'au pommeau du piston de nos commodités à l'angloise, est encore celui qui décore des monumens destinés à être vus de loin, de fleurons, de sculpture du dernier fini, comme si c'étoient des morceaux de bijouterie; qui ménage un entre-sol sous des voûtes, & met une fenêtre dans la partie supérieure d'une porte à l'antique. Il exhausse les wisky & le siége des cochers, orne les portières des voitures de larges pièces de vaisselle, coupe la queue aux chevaux, &c. &c. &c.

Nous lui avons l'obligation, au théâtre, d'une musique si savante que le public n'en remporte pas une phrase chez lui, & qu'il faut six mois de leçons pour chanter un couplet; de ce vacarme délicieux qui ne laisse entendre aucune parole, & de ces paroles qu'on ne regrette jamais de n'avoir pu entendre; d'opéra-bouffons bien tristes, de comédies *pensées;* de tragédies fortes de tactique, de sentences & de pantomimes; des drames, des jeannots, des folles, des Pointu... Qui pourroit supputer nos richesses? Ne parlons ici ni des costumes, ni des coëffeurs de la Grèce, du Malabar, de la Chine, de Rome, du Mexique, du ciel & de l'enfer; ni des entrechats, ni des cabrioles pathétiques, par lefquels on exprime de vives douleurs autour des tombeaux & jufqu'au bord de l'Averne; ni des habits galonnés en argent, des armures riches de nos Spartiates modernes (1). Nos aïeux alloient plus loin que nous dans ces diverfes parties du bon goût : foyons juftes.

Augufte, dans Cinna, avoit une magnifique perruque, une écharpe, des manchettes, des bas de foie roulés & des fouliers carrés ; Emilie un beau vertugadin, des fontanges & l'éventail. Dans un fameux ballet, on voyoit arriver le Monde qui faifoit une fuperbe entrée ; fa tête portoit le Mont-Olympe, & fon habit deffiné en carte géographique chargée d'infcriptions latines, offroit en gros caractères, fur le fein du côté du cœur, *Gallia;* fur le ventre, *Germania ;* fur une jambe, *Italia;* fur un bras, *Hifpania ;* & fur le derrière, *terra Auftralis incognita* (2) : on s'inftruifoit en voyant danfer. Nous reviendrons à ce goût exquis, dont nos pères ne nous ont tranfmis que ces notions

---

(1) *La journée lacédémonienne*, pièce de M. de la Sauffaie, a été jouée avec tous ces agrémens & des boucliers ornés de rubis.

(2) *Lettres fur la danfe*, par M. Noverre.

isolées ; tout nous y conduit, & nous les surpasserons en cela comme en fait de morale, de beaux-arts, de sciences & de littérature.

Déjà nous admirons philosophiquement Lucain autant & plus que Virgile ; nous sommes éblouis de l'or du Tasse ; nous regrettons le sel du genre burlesque ; nous vantons la naïveté & la simplicité des églogues de ce Fontenelle dont on disoit, de son temps, que les vers & la prose étoient passés à la fleur d'orange ; déjà...... Ce chapitre engloberoit tous les autres, si nous voulions y réunir tout ce qui, en caractérisant l'important sujet de cet ELOGE, doit ou donne la naissance à quelque objet du bon goût. Du bon goût ! Comment en manqueroit-on dans un siècle lumineux où, pour ne plus citer qu'un fait pris au hasard, & qui en vaut bien d'autres, la sculpture inspirée, égayée par la philosophie, en a représenté le patriarche en cadavre décharné : nudité charmante & *sentimentale*, qui fera naturellement oublier l'Apollon du Belveder.

CHAPITRE XXXVI.

Célébrité calculée.

LE goût & les opinions, les maximes & les mœurs, ne peuvent pas éprouver des changemens aussi considérables, sans qu'il en résulte de sensibles différences dans les moyens de s'illustrer, & même dans la nature de ce qu'on entend par réputation. Combien de démentis on donne à préfent au songe-creux Pascal ! Point d'ordre moral, selon lui, si chacun ne s'occupe moins de soi que des autres. Sous les benignes influences du véritable ordre moral, essentiel, philosophique, tout homme du monde ne pensant qu'à lui-même, tendant de son mieux à tout, & ses desirs étant aussi inconstans que vifs, il y a plus de concurrence, plus d'efforts de la part des artistes, pour satisfaire tant de volontés qui changent d'un moment à l'autre; & ceux qui ont du génie, trouvent plus d'occasions de se distinguer dans cette continuelle vicissitude de fantaisies.

Aujourd'hui chacun parle de tout, juge de tout, se connoît à tout, sans avoir étudié, par cet indicible effet de la philosophie sur les facultés intellectuelles & physiques. Depuis qu'il existe de nombreuses sociétés d'hommes qui ont aimé à jaser sur le compte d'autrui, & à faire jaser sur leur propre compte, on s'est rendu illustre par deux voies, par son mérite ou par l'ignorance publique : il ne sera pas question ici des extravagances ou des forfaits qui peuvent illustrer un Erostrate ou un brigand. La renommée, la gloire, prises en un sens favorable, ont donc deux élémens connus, se forment de mérite & d'ignorance combinés ; plus vous avez de celle-ci, plus vous êtes dispensé d'avoir de l'autre. Un très-petit calcul mettra cette utile vérité dans toute son évidence.

Mérite & *ignorance générale*, sont deux quantités qui se multiplient l'une par l'autre ; *cent* de mérite par *cent* d'ignorance, donnent *dix mille* de renommée ; *deux* de mérite & *cinq mille* d'ignorance, donneront également *dix mille* de renommée. C'est tourner en arithmétique le vieux dicton : au royaume des aveugles, les borgnes sont les rois ; mais tel est le droit de la philosophie, & le procédé simple par lequel elle fait communiquer, imprimer de la profondeur aux idées qui en ont le moins ; & pour peu que le génie donne, elles les rend fublimement inintelligibles. Reprenons notre calcul, ou plutôt fans le recommencer, concluons-en que tout étant maintenant fupputation & fpéculation, & l'ignorance honorable & volontaire touchant prefque à fon comble, jamais les réputations n'ont été fi faciles.

Il eft vrai que, comme les diables raffemblés par Milton dans la falle de confeil, furent obligés de fe rapetiffer afin que tous puffent entrer, les grands hommes de l'époque actuelle doivent facrifier un peu du volume ou de la durée de leur gloire à ce nombre incroyable de réputations que la vogue entaffe à la hâte fans trop s'embarraffer de ce qu'elles deviennent. Auffi l'artifte fameux, le fameux poète, le célèbre *penfeur* à la mode, mefurent-ils l'honneur & le temps comme les jolies femmes affolées d'un *roué* qu'elles s'arrachent, mefurent leur règne, leurs triomphes & fes adorations, au jour, à l'heure, à la minute. Elles l'aiment bien autant qu'il eft poffible à certains modernes d'aimer la gloire ; cependant, qu'il les adore pendant toute une femaine, & la plus paftionnée de toutes s'écriera, même avant ce terme exorbitant, en minaudant à ravir, *il ne finit pas ; quelle éternité ! Se croit-il seul au monde ? me croit-il immortelle ?*

La plupart de nos illuſtres entendent parfaitement raiſon à cet égard, & montrent la plus intéreſſante bonne-foi. Leurs protecteurs, leurs protectrices, voilà leur poſtérité, l'univers ; une ſéance eſt un ſiècle ; & ceux qui crient bien fort, *bravo, braviſſimo*, ſont les meilleurs juges. Rien n'atteſte davantage les progrès des lumières : car enfin, nos grand-pères, ces travailleurs infatigables qui, en n'admirant que les anciens, n'ambitionnoient que les louanges de leurs petits-fils, n'ont-ils pas compté en dupes ? les louons-nous ? Nous mépriſons ce qu'ils eſtimoient : après cela, ſemez pour l'avenir. Vivent les contemporains en fait de gloire ; & parmi les contemporains, préférez prudemment ceux qui vous louent en face ; on eſt plus ſûr de ce qu'on tient. D'ailleurs, on donne pour recevoir, on vante, on eſt vanté ; & dans un cercle choiſi d'amateurs de ce caractère, on ne perd pas un rayon de l'auréole.

Au ſurplus, il en eſt de la renommée, de la

gloire, à peu près comme de l'esprit, quant au plaisir qu'elles procurent. L'esprit qu'on a est moins flatteur que l'autre ; on ne se doute presque pas du premier ; l'esprit qu'on fait, vaut mieux en ce qu'on en jouit autant & plus que ceux à qui on le montre. La réputation que font à un artiste ou à un auteur les productions méditées, achevées en silence, & livrées au public sans recommandation, sans prôneurs, sans prôneuses, on l'a sans le savoir, ou elle ne vient qu'après la mort ; elle peut même n'arriver jamais ; celle que vous faites est pour le présent, commence quand vous voulez, & c'est votre ouvrage : on sent que c'est soi qu'on honore, on n'y épargne pas les soins ; aussi nos réputations philosophiques sont si belles & si promptes, qu'il y a de quoi en être stupéfait. Plus de sots, plus d'esprits bornés à présent, que les gens à scrupules, à pudeur, que les honnêtes gens à la vieille mode ; plus d'obscurité que pour les gens raisonnables : les autres sont tous illustres, ils se couvrent de gloire, ils se la jettent à pellées.

Cependant, ceci sera-t-il pris dans le sens où nous l'écrivons ? Nous n'avons aucune intention de déprimer nos confrères en génie, & nous n'aurons jamais l'audace de lever un œil indiscret fur les lauriers que moiffonnent nos maîtres. Quelques-uns des illuftres dont nos cercles fourmillent, en très-petit nombre il eft vrai, quand on les a loués, exaltés, encenfés, idolâtrés, toute une après-foupée, & jufqu'à en bâiller, à en avoir des vapeurs, femblent s'être attendus à autre chofe, à mieux que cela. Cet efpoir chimérique, cette ambition démefurée, leur donnent un air affez fingulier, même dès le lendemain, lorfqu'il s'agit d'illuftrer pareillement un nouveau venu. Convenons pourtant que les plus fenfés, que ceux qui font plus juftement eftimés de la bonne compagnie, les plus enviés, préfèrent la gloire qui enrichit & careffe les vivans, ne les carefsât-elle qu'un inftant, à celle qui ne dépofoit jadis fes ftériles lauriers que fur de vieux tombeaux.

CHAPITRE XXXVII.

Littérature philosophique.

Dans ses liaisons plus immédiates qu'on ne peut l'exprimer, avec la littérature philosophique, l'un des principaux organes de la sagesse moderne, ce qui fait l'objet de cet éloge, est d'une utilité... *incommensurable*.

Les beaux esprits, une fois qu'ils s'y sont attachés, ne vieillissent pas : ils font à cinquante, à soixante, à soixante-dix ans, & plus tard même, des ouvrages de jeune homme ; ils nous intéressent, nous amusent en se livrant très-sérieusement à des jeux d'enfans ; ils composent des brochures sous des titres originaux, bizarres ; productions bien précieuses, car c'est ce que nous avons de mieux dès que les auteurs se nomment ; des histoires en épigrammes ou en madrigaux, aussi morales que véridiques ; des créations du monde en rêves ; des commentaires sur ce qu'on savoit, pour prouver qu'on n'en savoit pas un mot ; des mélanges où ils ressassent leurs maximes favorites, parce que la vérité est toujours nouvelle, & qu'il est des choses qu'on ne dit jamais *sa suffisance*; des essais de métaphysique, où l'écrivain annonce d'abord qu'il n'y a pas d'esprit, & où, pour sa part, il tient parole; des traités sur le raisonnement, sur l'entendement, où il ne manque que le sens-commun dont on ne veut plus; des œuvres politiques en lettres badines, en petits chapitres, ou en longues amplifications, où l'on détruit tout & ne construit rien, moyen très-sage d'offrir un grand espace à celui qui pourra créer des sociétés & des administrations parfaites; des poésies où la philosophie dispense de mettre des images, de l'harmonie, & où la personnalité tient lieu de la vraie critique ennemie du libelle, le tout pour gagner des partisans à la bienfaisante philosophie; des essais de toute couleur, où les règles se trouvent dans des discours préliminaires, afin qu'on puisse plus commodément s'assurer que l'auteur les a toutes violées, & qu'il en est résulté un chef-d'œuvre, &c.

Grace aux effets de la même cause, comme il suffit de souscrire & d'écouter, réellement ou mentalement, du babil pour tout apprendre, jamais les gens du bel-air n'eurent plus de profeſſeurs & de plus dignes de les inſtruire. Quelle ſimplicité de plan & d'opération en ces établiſſemens modernes deſtinés à répandre la ſcience univerſelle! Voulez-vous en bien juger? comparez-les aux inſtitutions monaſtico-pédanteſques de nos groſſiers & ineptes ancêtres. Réfléchiſſez-y avec maturité, le temps au moins de faire une pirouette ou de paſſer vos doigts ſous votre menton, & vous ne pourrez vous empêcher d'être étonné que nos aimables *roués* ſoient les deſcendans de ces barbares. Oh! comme le génie change les hommes!

Etudier pour ne rien apprendre & pour ne ſavoir pas penſer; apprendre l'impoſſible en n'étudiant point, & n'en *penſer* que mieux; le phénomène naît de cette énorme différence, & tout y remonte. On avoit alors la plus étrange prévention pour les colléges, pour les univerſités. Etoit-ce parce qu'il en ſortoit des docteurs, des magiſtrats, des politiques, des auteurs, qu'on appeloit aſſez unanimement des grands-hommes? le génie, le ſeul appréciateur impartial, ne les a-t-il pas tous réduits à leur grandeur effective, naturelle, à la taille de pygmées? Privés de toutes nos reſſources,

comment

comment auroient-ils pu se former, s'élever?
Etoit-ce parce que, dans ces colléges, dans ces
universités, des examens multipliés, des degrés de
bachelier, de maître ès-arts, de licence, de doctorat, des concours & des jugemens solemnels,
constatoient la capacité des professeurs obligés de
soutenir l'honneur du corps respecté qui les adoptoit, qui les autorisoit, qui donnoit une sanction d'orthodoxie & de pureté aux leçons dont ce
corps répondoit? concours, examen, jugement,
orthodoxie, pureté; en vérité, ces prétextes sont
pitoyables.

De ce qu'il falloit tant & tant de préparatifs, de
précautions, de garans pour faire & installer un
professeur qui, après tout cet attirail, n'enseignoit
jamais qu'une seule partie, ne voyoit pas les jeunes
femmes accourir à ses leçons, & n'étoit jamais admis
à des soupers fins ; concluez que nos professeurs
éclos du jour même sont bien d'autres têtes, &
que la vieille routine & le génie se ressemblent
aussi peu que la nuit au jour. Du front, une affiche,
un coin de journal pour correspondre avec les
quatre parties du monde, une chambre & des
siéges, des prôneurs, des prôneuses, & sur-tout

des prénumérations, font aujourd'hui un profeſſeur de toute ſcience quelconque. Qu'il ſe diſe philoſophe, ſes preuves conſiſtent en ce mot d'où émane, comme perſonne ne l'ignore, une infaillibilité inconteſtable. S'il parle de génie ; profanes, à genoux : il ne proférera pas une ſyllabe qui ne ſoit un bienfait pour les citoyens, pour le peuple, pour les ſouverains, pour toute la race humaine.

Tandis qu'un théologien conſommé, un moraliſte, tout homme pieux & honnête qui voudra communiquer ſes idées au public par la voie de l'impreſſion, devra ſoumettre chaque page, chaque ligne, chaque mot de ſon manuſcrit à une rigoureuſe & prudente cenſure ; le *penſeur* philoſophe n'aura d'autre garant de l'innocence des paradoxes qu'il débitera verbalement à ſes nombreux auditeurs, que ſon deſir de leur complaire, de s'attirer les applaudiſſemens des étourdis, des jeunes oiſifs & des femmes qui ſeront à la fois ſes diſciples & ſes juges ; & s'abandonnant aux fougueuſes impulſions d'un génie indépendant & ſans frein, ce qui révolteroit en ſophiſmes, il l'inſinuera par des alluſions ſi claires que ſes paroles le feroient moins. On présume bien que la doctrine journalière de celui qui brigue des souscriptions & s'honore des bruyans suffrages prodigués aux bateleurs, ne sera que la souple adulatrice des goûts & des passions d'un auditoire que la raison surveillée, la religion & la morale antiques feroient déserter.

Après les écrits philosophiques, tel est le point de réunion & de réaction qui s'est enfin établi récemment entre le génie indiscipliné des *penseurs* & les mœurs faciles de la *bonne compagnie ;* car, à propos de sciences & même de métiers, de physique ou de géographie, d'histoire ou de philologie ; en parlant de Socrate ou de Caton, de Phocion ou de Thraséas, de Démosthène ou de Cicéron ; en dissertant sur Tacite ou sur Voltaire ; en citant l'Iliade ou l'Enéide, Euripide ou Sénèque, des vers de Mahomet ou d'Alzire, &c. ; on peut avoir l'art insidieux d'amener des rapprochemens ou exprimés ou sous-entendus, qui tournent en ridicule les anciens principes. Le hableur est applaudi, la philosophie s'étend ; & bientôt, dans les notions comme dans la conduite, tout sera aussi vrai qu'honnête, aussi légitime que lumineux.

CHAPITRE XXXVIII.

Profits des deux sexes.

PLATON voulut que les deux sexes reçussent la même éducation. Nos dames & nos messieurs de la bonne compagnie se ressemblent le plus qu'ils peuvent par leurs manières, par leurs exercices, par la variété & l'immensité des connoissances, & par les mœurs. Il seroit fort singulier que, contre leurs intentions, tout cela n'aboutît qu'à ressusciter le platonisme si bien oublié! Mais rassurons-nous; il n'y a rien de moins à craindre. Le goût du solide & du palpable est trop dominant, trop profondément enraciné dans les caractères, & l'inconséquence du *spiritualiseur* Platon n'a aucune analogie avec la charmante inconséquence de nos jours, le principal élément de l'impertinence civilisée, de cette impertinence prise en un sens favorable, & à laquelle nous offrons ici les premiers un tribut d'hommages, dont le lecteur intelligent ne révoquera en doute ni la sincérité ni la pureté. Jetons un coup-d'œil fur les profits qu'en retirent les deux fexes relativement à ce qu'ils font l'un pour l'autre.

L'ingénue vieille qui changeoit tous les matins de linge, en obfervant qu'il pouvoit fe trouver un impertinent, ne difoit ou ne penfoit une fottife que parce qu'elle oublioit fes années. Le fond très-moral de cette idée feroit une vérité philofophique & *fentimentale*, fi on la fuppofoit dans la tête d'une jeune dame du grand ton d'à préfent ; & depuis que les femmes à la mode n'ont plus d'âge, quelques années & quelques luftres même n'y apporteroient prefque pas de changement : fous la zone profpère & magique de l'impertinence, les dames galantes vieilliffent auffi peu que les beaux-efprits ; à certaine époque, elles *retombent dans la jeuneffe*.

Combien ce favoir-vivre moderne épargne de feintes, de menfonges, de faux fermens ! il réduit à une fimple inadvertance, à fi peu de chofe, à rien, ce qu'on appeloit tragiquement *perfidie* dans des temps de bêtife, de brutalité ou de vertige. Dès qu'il eft reçu que les paffions fobres ne font que des hommes communs, que le bonheur eft tout ce qui flatte le corps, que nos defirs font nos fuprêmes loix, que la réfiftance eft impoffible ; le moyen qu'une femme qui ne veut pas confondre un homme d'un mérite supérieur avec des gens du commun, qui se pique à cet égard d'une justice scrupuleuse, qui se sent également distinguée du vulgaire par des passions voraces, relevées, sublimes, qui sait en quoi consiste son bonheur, & qui se prête généreusement au bonheur d'autrui,

» Avide du plaisir de faire des heureux ; »

qui, soumise à ses desirs comme aux loix de la nature, est à l'unisson avec tout homme aimable dont la philosophie est la même ; le moyen que ni l'un ni l'autre soit perfide ! ils sont sous le charme. Ceux qu'ils peuvent avoir quittés, n'ont pas le droit de se croire trahis ; on ne promet de l'amour que pour le temps qu'il dure, & les vœux illusoires de fidélité ne portent que sur l'aveugle présomption d'être constamment l'objet le plus aimable.

L'impertinence a pour les deux sexes, en galanterie, l'avantage que le chemin le plus court a pour le voyageur pressé d'arriver. Sans cette voie expéditive, qui supprime les formalités oiseuses, l'amour seroit un fastidieux roman qu'il faudroit recommencer avec chaque nouvelle connoissance, & de préambules en préambules, on n'en viendroit jamais à l'essentiel ; il n'y auroit qu'une longue retraite qui pût donner l'assurance de filer en paix, de conduire à bien de si majestueuses intrigues, qui deviendroient de véritables entreprises, & que le moindre incident pourroit rompre avant la conclusion.

Ces affadissantes déclarations d'amour qui coûtoient tant autrefois, quoiqu'on les ait réduites à présent au plus joli papillotage possible, ou même à des gravelures légèrement entortillées dans de la métaphysique de ruelle, finiront par n'intéresser que les érudits & les antiquaires, curieux de conserver toutes les formules inusitées. On les sautera dans les livres comme des passages en langue morte ; les mots en seront bannis du beau langage. Un regard, une douce pression de main, le bout du pied, avancent bien plus une affaire aujourd'hui, que tout ce bavardage élégiaque avec ces éternelles réticences, qu'on ne devoit anciennement ni interpréter, ni comprendre, ni laisser passer.

Mylady-Wortley Montagu raconte une plaisante anecdote, au sujet de la première déclaration d'amour que le roi de Pologne, électeur de Saxe, fit à la comtesse de Cozelle. « Il vint la voir,

» portant d'une main une bourse de cent mille
» écus, & de l'autre un fer à cheval qu'il rompit
» en deux à sa vue, en lui laissant tirer les consé-
» quences de pareilles preuves de force & de libé-
» ralité (1). » Nous ne ferons point ici la question que Pauline adresse à Fulvie, dans le second
acte d'Othon; nous remarquerons simplement que
cette éloquente pantomime supposoit, en madame
de Cozelle, beaucoup de philosophie pour le temps
où elle vécut. Nos femmes à la mode, plus connoisseuses, auroient pressenti le mérite de l'électeur,
sans le petit essai du fer à cheval ; & si la rareté,
fort piquante aujourd'hui, d'un semblable mérite
ne les avoit pas trop préoccupées, plus *penseuses*,
elles n'auroient été déterminées, par la vue d'une
bourse, qu'à redoubler d'artifice pour obtenir des
trésors; car le luxe est si nécessaire & si coûteux,
qu'il faut des trésors lorsqu'on veut vivre & se
prostituer avec quelque bienséance.

Même dans les liaisons de sentiment, celles
où il n'entre point d'arithmétique, on ne soupçonne
plus ce que signifioient attaque, défense, grada-

---

(1) *Lettres de madame Wortley Montagu.*

tions. Point de façons, de détours, de fadeurs ; on y a substitué les coups de foudre, les sympathies inévitables & irrésistibles. Les gens du bel-air vont droit au fait, & ils en sont à leur dixième intrigue, que, suivant l'ancienne & verbeuse méthode, ils n'auroient pas encore formé le nœud de la première. C'est ainsi que nos élégans & les dames qu'ils adorent, acquièrent si vîte tant d'expérience.

Ils voient en elles, dès la plus tendre jeunesse, des émules, des guides, des chefs de coterie, des maîtres pour tout. Elles montrent à vingt-cinq ans la maturité qu'avoient leurs aïeules à cinquante ; & avant l'âge où jadis on auroit à peine songé à les produire, à leur donner un peu de monde, elles en ont, elles en ont tant, que l'on seroit interdit & dans la stupeur de l'extase, si l'habitude ne diminuoit un peu l'effet de l'étonnement, si on ne se blasoit pas en allant de surprise en surprise. A trente ans, devenues d'officieuses institutrices, celles qui jouirent d'une célébrité précoce, rassasiées d'honneur, insatiables de voluptés, toujours éprises de la noble passion du bien public, se vouent au soin de former des adolescens de belle espérance, à qui l'indulgence encourageante, compagne ordinaire de la grande capacité, rend si commode la route de ce savoir-vivre que nous voudrions pouvoir louer plus dignement.

Sous son influence admirable, les maris même contractent une sociabilité dont cette espèce ne paroissoit pas susceptible ; les fureurs de la jalousie s'amortissent & se changent en condescendance ; les rencontres imprévues, les découvertes inopinées, sont moins fréquentes & n'ont plus de suites funestes. Ecoutons deux époux qui savent leur monde.

— « Mille pardons, madame. — Il n'y a pas
» de quoi, mon cher monsieur. — Je n'épiois
» pas au moins. — Je vous crois trop honnête...
» — Que ne fermez-vous une porte ? — En a-t-on
» le moment, le sang-froid ? — Mais si c'étoit
» quelqu'autre ? — Quand cela feroit ? — L'hon-
» neur d'un mari... — Vous me ferez étouffer
» de rire. — Je vous trouve délicieuse, avec votre
» manière de prendre les choses. — On me le
» juroit tout à l'heure. — Charmante ! impayable,
» unique ! Le marquis... s'évader !.. enfantillage !
» Quelle idée a-t-il donc de moi ? Je sors de chez
» lui... — En vérité ? Je vais vous rendre toutes

» vos louanges : divin ! divin ! — Ce regard, ces
» beaux yeux à la fois langoureux & fripons, ce
» fourire affaffin, vos charmes, ce défordre...
» Savez-vous que vous me tournez la tête ! —
» Vous êtes dangereux ! — Des velléités... —
» Oh, la folie eft bonne ! — Ma foi, fi nous
» n'étions mari & femme, je vous facrifierois
» publiquement la marquife. — Pour le coup,
» mon cher monfieur, c'eft le moment de fermer
» la porte : on peut fe livrer à fes fantaifies ; mais
» il ne faut jamais ceffer de fe refpecter. »

Nous n'avons garde de citer nos originaux pour convaincre le lecteur que ce dialogue très-fidellement rendu n'eft pas une fable ; ne feroit-ce point en agir comme s'il ignoroit quelle eft aujourd'hui l'aménité de la tendreffe conjugale ? Plus d'alarmes, plus de clameurs entre époux ; plus de haine, plus de duels entre maris & amans ; fi l'on fe bat encore, c'eft pour quelque *fille*, & feulement afin de ne pas laiffer fe perdre la gloire & le renom de délicateffe que donnent les exploits de fpadaffins.

D'un autre côté, les conftitutions énervées & les excès continuels remédient, pour l'excellente compagnie, à ce mal que les préjugés entretiendront peut-être long-temps dans la classe *moutonnière* des bourgeois ; à cette affluence d'enfans qui embarrassent, qui consument tant, qui surchargent une famille, qui, en grandissant, *vieillissent* leur mère, qui subdivisent les parts, qui sont les causes de mille procès, &c. &c.

Le célibat philosophique empêche aussi beaucoup d'enfans de naître : que de sots, que de méchans, que d'infortunés de moins ! Autant de fléaux, armée d'ennemis dont les mœurs du jour délivrent une société perfectionnée par le génie, où les deux sexes dégagés le plus qu'il leur sera possible des liens du sang & de l'hyménée, devront tout leur bonheur à des caprices & à des velléités lubriques.

CHAPITRE XXXIX.

Sciences civiles.

Appliqué aux fciences utiles, au bien commun, à cette partie de l'opinion, des travaux & des mœurs, qui influe plus fpécialement fur l'état civil & politique des citoyens, l'impertinence procure & fur-tout promet des vantages infinis.

C'eft elle qui, dans nos immenfes cités, affure une éblouiffante fortune & la plus jufte confidération à des baladins, à des hiftrions, à des farceurs, à des faltinbanques, à des virtuofes, pour diftinguer judicieufement les profeffions d'après l'importance de leur objet; pour exciter une falutaire émulation qui faffe des artiftes de ce genre, de tous les jeunes gens doués du talent de déclamer, de chanter, de danfer, de pincer un inftrument, ou qui s'en croiront doués & s'abandonneront, en attendant que la mifère & l'opprobre les en diffuadent, à cette vie errante, oifive & molle, fi favorable à la philofophie du cofmopolite fenfuel;

pour que les arts & les sciences qui ne sont qu'honnêtes & nécessaires, n'abondent pas trop en élèves qui éclipseroient leurs maîtres, en émules qui humilieroient leurs rivaux.

C'est elle qui, prenant, triant ce qu'offroient ou cachoient de bon, de vrai, de lumineux, de *philosophie empirique*, l'astrologie, l'alchymie, la nécromancie, les épreuves d'eau, de fer, de feu, les sortiléges, la magie, les amulettes, les paroles & les signes, les mouvemens mystérieux de la main, du doigt, d'une baguette, assignés pour spécifiques; ces images de cire qu'on laissoit fondre auprès du feu, ou qu'on piquoit à coups d'aiguilles, dans la certitude de faire languir ou mourir les personnes auxquelles elles ressembloient ; ces miroirs présentés à la lune, & où l'on voyoit ce qui se peignoit dans un autre miroir à quelques cent lieues de là. C'est-elle qui nous a gratifiés de ces évocations si communes à présent ; de ces jeunes somnambules qui prédisent l'avenir, & avec lesquelles on se met *en rapport* sans qu'elles s'y opposent, pour prédire aussi, sans dormir, en contribuant à ce qui arrivera, &c. C'est elle qui renouvelle de nos jours une partie des essais que faisoient ensemble la Galligaï, Montalto, & Côme Ruggiéri que Bayle & de Thou qualifient d'historiographe (1) : tentatives qui agrandiront certainement la sphère du génie, & qui manifestent une philosophie incompatible avec les préjugés, aussi sensée qu'amusante, aussi éloignée des visions ridicules & de la sotte crédulité, que de toute sorte de charlatanisme.

C'est elle qui, en érigeant cette philosophie en science des sciences, quoique ce ne fût d'abord que l'amour de la sagesse, enseigne, prêche, reproduit, & vend fort cher, sous toutes les formes, depuis l'histoire générale, l'histoire politique, jusqu'à l'almanach de cabinet; cette morale naturelle, coulante, suave; ce code de licence où, en n'admettant ni dieu, ni religion, ni récompense, ni peines, ni culte, ni doctrine, ni devoirs; en opposant l'indifférence ou les pasquinades à toute discussion raisonnable & pieuse, elle console l'humaine espèce de tant de maux endurés, en lui révélant que les malheureux, les innocens opprimés qui abreuvent la terre de larmes, pourriront tout entiers

---

(1) Bayle, article *Ruggieri*. Thuanus de vitâ suâ. Lib. *VI*.

sous quelques pouces de cette terre, & trouveront le néant dans la mort : confidence extrêmement gaie, riante perspective, qui est, sans contredit, la plus agréable distraction que le génie puisse offrir à des mélancoliques.

C'est elle qui, pour la plus constante prospérité des gouvernemens, porte & secoue le flambeau de cette philosophie sur tous les secrets, jadis révérés, de l'administration ; qui fait que, sans posséder ni place, ni charge, sans exercer aucun emploi, sans nulle mission quelconque, sans savoir ni les loix, ni leurs formalités, aussi saintes qu'elles, sans avoir jamais été initié dans la moindre partie du ministère, on juge magistralement de tout, on se nomme soi-même & de sa seule autorité privée le pédagogue des princes & des administrateurs ; & non-seulement on les instruit, mais on les crée. « Voilà l'homme, » s'écrie-t-on avec autant de politesse que de modestie, » voilà » l'homme qu'ont fait, qu'ont formé les écrivains » de brochures, &c. » Un encens si pur a cela de bon, qu'il ne porte pas à la tête d'un véritable homme d'Etat, qui apprécie en silence les services de ces infatigables génies.

C'est

C'est elle qui vante si éloquemment le luxe & l'usure déguisée aujourd'hui sous tant de formes; le luxe & l'usure, ces deux bienfaits de l'opulence & de la misère excessive: bienfaits aussi dignes de l'admiration des peuples, que les conquérans célébrés par les historiens & par les poètes; luxe & usure dont l'heureuse combinaison multiplie & nourrit des nuées d'entremetteurs qui font tout de rien, & rien de tout, avec un art inconcevable; de brocanteurs à l'aide desquels il y a maintenant mille fois plus d'affaires que de choses, plus de ventes & d'achats que de marchandises.

C'est par elle que des Solon, des Dracon, des Lycurgue, des législateurs qui n'entendent pas à gouverner leur ménage, qui ne sont ni bons pères, ni bons fils, ni bons frères, ni bons voisins, ni bons & honnêtes époux, ni débiteurs de bonne foi, reconstruisent, dans des pamphlets, tous les fondemens de la sûreté publique, font avec leur plume des enfans au millier, & des denrées à ne savoir où les mettre; politiques laborieux, précieux au monde, qui, pour user ici des expressions modérées, mais exactes d'un moderne qui n'écrit pas une page où il ne glisse huit ou dix *génies*, ont *produit des ministres, & couvert les champs & les provinces d'épis de bled :* miracle opéré par l'efficace aifé à comprendre, de *l'évidence physique de l'ordre essentiel du despotisme légal,* renforcée de lignes de zéros : miracle qu'on auroit pouffé plus loin fi l'on n'avoit craint l'embarras des richeffes.

C'eft fous fes bannières que marchent, la tête au vent, ces *penfeurs* intègres, incorruptibles, qui flattent les miniftres en place, non pour obtenir des penfions, mais pour prouver que la philofophie rend juftice aux vertus & au génie ; qui dénigrent enfuite les mêmes miniftres, pour montrer la liberté de la penfée, & la promptitude du fage à fe rétracter lorfqu'il reconnoît qu'il s'eft trompé.

C'eft à fon inftigation que certains philofophes tâchent de démontrer, & en attendant qu'ils le puiffent, répètent de finguliers principes dans leurs écrits qu'on a tort d'appeler incendiaires puifqu'ils font notoirement d'un froid de glace ; qu'ils foutiennent les maximes les plus violentes de la démocratie, au fein d'une monarchie qui les protège ; qu'ils prétendent que la majefté royale eft une conceffion de la multitude; qu'ils donnent, de leur chef, à cette multitude le droit de souveraineté : les petits préfens entretiennent l'amitié, mais encore faut-il avoir ce qu'on donne. Le droit de commander à tous, en quelle portion appartenoit-il au particulier qui n'avoit pas celui de commander à fon voifin ? Ces paradoxes dont l'innocence eft manifefte, ont un côté fort intéreffant, celui par lequel ils tendent à perfuader au vulgaire que l'opinion verfatile eft la fource des pouvoirs. La philofophie étant l'arbitre de cette opinion, les philofophes feroient les difpenfateurs préfomptifs de tout honneur, de tout pouvoir, de toute juftice, &c. &c. Oh, combien le génie rend bienfaifant & modefte !

Que conclure de tant de détails abrégés, comprimés en un fi petit efpace, & dont nous aurions compofé tant de volumes ; car il ne tenoit qu'à nous d'y inférer l'extrait de toute une bibliothèque ? Les fciences civiles font le domaine de nos *archi-penfeurs* à la mode, les dix-neuf vingtièmes de leur exiftence ; c'eft donc fur eux qu'il nous faut prononcer : qui fommes-nous pour ofer juger nos maîtres ? Jamais nous ne nous y déterminerons, quoique nous ayons bien réfolu de les louer presque autant qu'ils se louent en face les uns les autres, ces louanges faisant une partie indispensable de l'éloge du sujet qui nous occupe. Rapportons-nous-en à eux-mêmes, & que notre timidité, plus anologue à leur modestie, recueille les suffrages désintéressés & libres qui, sur les lèvres & sous la plume de chacun d'eux, honorent journellement ses confrères absens. En est-il un, nous en attestons J. J. Rousseau qui les connoissoit si bien; en est-il un seul qui, de fait, de vive voix ou par écrit, explicitement ou implicitement, mais du fond du cœur, ne traite les autres d'impertinens? Croyons-les tous : ne sont-ils pas les sages, les oracles irréfragables de la vérité, les suprêmes dominateurs de l'opinion qu'ils réclament sans cesse? L'opinion comble de gloire, & la raison couvre de boue, dit l'un des hommes qui avoit le plus de l'ancienne raison, & savoit le mieux l'apprécier. (1)

---

(1) Pensées de Pascal. *De la foiblesse humaine.*

✳

CHAPITRE XL, & Conclusion.

Raison. Vertu.

LA raison & la vertu des aimables gens, des *roués*, de leur bonne compagnie & de leurs *penseurs & penseuses*, ne sont ni cette raison qui couvre de boue, ni cette vertu qui impose des sacrifices. Aujourd'hui la raison en vogue, mère féconde des paradoxes les plus étranges & les plus contradictoires, est tout simplement notre intelligence habituée à saisir, sans effort, dans le vague artificiel des idées & dans l'amphigouri scientifique de l'expression, des sophismes qui favorisent nos penchans déréglés. La vertu est l'unique espèce de bienfaisance qui puisse sympathiser avec cette sorte de raison l'antipode de l'ancienne.

De ce qui étoit jadis absurde, révoltant, insoutenable, le vague des idées & l'amphigouri de l'expression, font maintenant, au gré de nos *penseurs* & à la grande satisfaction de leurs élèves, un axiome, une *vérité philosophique*. Prenons pour exemple la proposition suivante :

La sagesse autorise expressément le libertinage.

On ne peut guère disconvenir qu'une pareille assertion n'ait été dans presque tous les temps passablement fausse ; nous ne craignons pas qu'on nous accuse de l'avoir choisie douteuse. Eh bien ! commençons par en séparer les membres, puis nous tâcherons d'y jeter du vague, de l'amphigouri, de la philosophie moderne, autant que nous le permettra l'insuffisance de notre génie. Si nous réussissions, il seroit à peu près évident que la gloire de nos *penseurs* ne tient point à la difficulté vaincue, mais à l'importance des résultats.

1°. La sagesse..... substituez :

« L'homme dépouillé de toute prévention
» puérile, le *penseur*, le philosophe, qui sait que
» son ame n'est, en dernière analyse, que l'en-
» semble des effets de l'organisation, & que ses
» organes intellectuels, quoique plus déliés, sont
» nécessairement assujettis aux loix du mouvement
» comme le reste des corps......»

2°. Autorise expressément..... dites, en poursuivant votre phrase :

« ... a la conscience intime, & répand le plus qu'il
» peut l'utile & *rassurante* conviction de l'irrépro-
» chabilité de ..... »

3°. Le libertinage.... traduisez ainsi :

« de .... tout acte naturel de la volonté aussi
» nécessairement agissante que tout corps mobile
» poussé par un autre mobile. »

Voilà, sans contredit, une *vérité philosophique* dans le genre de celles que débitent nos modernes Cydias, si supérieurs, à tous égards, au Cydias de la Bruyère, « fade discoureur qui n'a pas plu-
» tôt le pied dans une assemblée, qu'il cherche
» quelque femme auprès de qui il puisse s'insi-
» nuer, se parer de son bel esprit ou de sa phi-
» losophie, & mettre en œuvre ses rares con-
» ceptions (1). » Une foule de citations d'ouvrages modernes démontreroient que cette *vérité* est exactement conforme à la doctrine à la mode.

Que le lecteur s'amuse, s'il veut, à placer les membres de la période amphigourique, sous les

---

(1) Caractères, chap. V. *De la société & de la conversation.*

trois membres de la première proposition, de cette façon-ci :

I.	II.	III.
La sagesse	*autorise expressément*	*le libertinage.*
L'homme dépouillé de toute prévention puérile ... qui *fait* que son ame n'est ... que l'ensemble, &c. & que, &c...	a la conscience intime & répand le plus qu'il peut l'utile & *rassurante* conviction de l'irréprochabilité de . .	tout acte naturel de la volonté aussi nécessairement agissante que tout corps mobile poussé par un autre corps mobile.

D'abord, l'air de prétention qu'a cette figure en colonnes & à compartimens, à propos d'une *pensée* qu'on pouvoit aussi bien juger sans tout cet appareil, sied parfaitement à un ouvrage *philosophique*, & d'une manière plus spéciale encore dans un éloge de l'impertinence, où nous aurions bien voulu pouvoir répandre cette fleur de pédanterie précieuse, que les raisonneurs à la mode étalent avec tant de succès & de complaisance dans leurs volumineuses brochures. Le lecteur éclairé n'aura pas manqué de voir que nous n'avons rien négligé pour cela de ce qui étoit en notre puissance ; & en présumant de nous-mêmes au point de l'inviter à s'amuſer d'une figure, peut-être ne ſommes-nous pas reſtés au-deſſous de nos modèles. Nous pardonnera-t-il d'avoir cru l'intéreſſer ſans de longs calculs, de l'algèbre, des équations, de la géométrie, des lignes ponctuées, des planches, &c.?

Dépourvu de tous les charmes qu'un illuſtre *penſeur* & ſon graveur y auroient donnés, cet eſſai fera du moins connoître l'identité d'un axiome philoſophique moderne, & d'une propoſition jadis inſoutenable, & le procédé de la raiſon qui remplace, éclipſe, & même foudroie l'ancienne, & que ſes promoteurs ont humblement appelé génie. Quant à l'eſprit dont on raffole, un calembourg peut ſeul le peindre dignement, une pointe le définiroit mieux que toute autre figure.

Pour de la vertu, elle en abonde, cette philoſophie voluptueuſe, puiſqu'elle a imaginé de ſe réſerver, dans tant de feuilles publiques, un article de bienfaiſance, où l'on eſt charitable, généreux, l'ami de l'humanité pour un ou deux écus, où l'on jouit, à ſi bon marché & par indivis, de la gloire & du reſpect que procurent de fortes ſommes conſacrées au ſoulagement des malheureux; jouiſſance ſagement calculée en finance, & qui n'eſt mêlée d'aucun des déchiremens qu'éprouve l'ame miséricordieuse, que d'autres motifs portent à donner, à agir par elle-même.

A la charité qui se cache, ou plutôt qui n'existe presque plus, qui secouroit les infortunés en leur conservant & leur propre estime & celle des bienfaiteurs; en les honorant, les chérissant, les conseillant; en réduisant, le plus possible, ce que l'indigence a d'affreux pour celui qui doit la montrer à plusieurs heureux; notre bienfaisance imprimée substitue l'envie de faire du bruit, qui coûte peu, ne gêne point, n'attendrit & n'émeut guère; qui familiarise l'infortuné à l'idée *anti-morale*, que tant de gens le secourent pour qu'on parle d'eux, le substantent sans l'estimer, sans l'aimer, sans le voir; à recevoir cent louis en ne devant de reconnoissance à personne que pour quelques livres. Une semblable bienfaisance laisse le cœur froid, ou même n'en part point du tout, & jamais elle n'y arrive; elle relâchera infailliblement tous les anciens liens moraux & religieux, qui ne font plus que gêner encore quelques demi-philosophes, raisonneurs amphibies, impatiens de se livrer aux impulsions de la gloire hebdomadaire ou de la journée, du plaisir du moment & du génie *philosophique*.

On retrouve avec saisissement les mêmes causes dans l'usage qui prend visiblement plus de consistance, de préférer de menus dons pécuniaires, qui ne supposent en ceux qui les offrent, ni délicatesse, ni soins ennuyeux, à cet honneur de nos ancêtres, à cet honneur si difficile à manier, qu'un regard, qu'un rien fanoit, flétrissoit, salissoit, blessoit ; à cet honneur vétilleux, ombrageux, maussade, envers lequel il falloit user de tant de ménagemens, que nos *roués* & leurs dames en auroient aujourd'hui des crispations de nerfs & des vapeurs *à périr*.

L'argent paie ou couronne à présent les bonnes actions, les bonnes mœurs, la chasteté, comme il paie le génie. Quelques pièces, un peu de musique, & vingt lignes dans les papiers publics, voilà sûrement de quoi être pour la vie aussi désintéressé que modeste. On a lieu d'espérer que la philosophie, en perfectionnant ces moyens, attirera, portera sur son pavois & les rosières ingénues, & tous les gens vertueux au milieu de nos salles de comédie, où ils recevront le prix de la décence, de la pudeur, de toutes les autres vertus, des mains des actrices, de ces mains qui treffent de fi nobles lauriers, & ornent fi majeftueufement le front des poètes & des héros, &c.

Ainfi parviendra jufqu'aux dernières claffes du peuple, cet efprit de diffipation & de frivolité, ce favoir-vivre dont le propre eft d'évaluer, fans préjugé, chaque action & chaque individu par leur utilité relative, & de bien connoître fur-tout ce que vaut le bruit accompagné du numéraire, & le caractère impofant, moral, augufte, que tranfmettent aux objets de l'opinion & aux récompenfes des vertus, les belles & pudiques mains d'une comédienne ou d'une danfeufe. Ainfi s'établira peu à peu, jufques dans les champs & fous le chaume, autrefois l'afyle de la fimplicité, ce protectorat de coterie qui mène fi bien dans les grandes villes tout ce qu'il dirige; & la vertu, la pureté, la chafteté, l'innocence virginale feront, ainfi que le génie, fous la tutèle du riche qui en fut toujours un grand amateur.

Cette bienfaifance, cet honneur, ces vertus de nouvelle fabrique, font d'autant plus merveilleufes, qu'elles n'ont point de racines comme vertus; qu'on diroit même que l'inconféquence fe fait un jeu de les enter fur des vices. Au lieu de germer dans le cœur, elles ne font que paſſer dans la tête; au lieu d'être des ſentimens, elles ne conſiſtent qu'en repréſentation; ce n'eſt qu'un ſpectacle, que des ombres colorées, que des nuages dorés, que du bruit. Les vertus & le bruit ayant déſormais entr'eux les rapports de l'effet à ſa cauſe, on jouera de malheur ſi, du train que chacun y va, l'on n'a bientôt toutes les vertus imaginables; on n'en aura pas moins que de bon goût, de bon eſprit, de raiſon & de génie. Concluons que rien n'eſt plus beau, plus utile, plus admirable que le ſujet de cet éloge.

Loin de nous cette partialité coupable, qui ne montre que les belles qualités de ce qu'elle entreprend d'exalter. Moins diſſimulés que la tourbe des panégyriſtes, nous avouerons, avant de quitter la plume, que le ſublime objet de nos louanges paroît avoir un côté foible; nous aurons la franchiſe de l'indiquer, ſans croire pour cela même chanter la palinodie.

Malgré le radieux éclat de l'impertinence bien entendue, on rencontre dans le monde des gens de toute condition, de tout âge, qui, ſoit aveuglement, ſoit pareſſe, ſoit entêtement, ſoit effet

de l'éducation, foit crainte, foit fcrupule........
nous ferons ici grace au lecteur de plus de cinquante *foit*, les uns meilleurs que les autres.....
enfin, il y a encore des gens qui tiennent aux anciennes maximes, qui font engoués du gros bon-fens, qui le cultivent, qui le raffinent, qui en mettent à tout, même dans la plaifanterie; qui fouvent y joignent une forte d'efprit affez féduifante, pour quiconque ne feroit pas philofophe & n'auroit pas goûté du génie, après quoi l'on n'aime plus rien que fes propres idées.

Pouffons la fincérité auffi loin qu'elle peut aller. Il eft encore, & nous en convenons bien volontiers, des hommes de lettres qui révèrent la religion, qui relifent toujours avec un nouveau profit Boffuet, Pafcal, Fénelon, &c. & avec un nouveau plaifir Boileau, J. B. Rouffeau, Racine, la Bruyère, &c.; qui compofent, le plus qu'ils peuvent, des ouvrages dans le genre de ceux des auteurs du fiècle de Louis XIV; des profeffeurs qui, pour être très-inftruits, n'en font pas plus incrédules; des favans & des artiftes qui ont de l'efprit fans en faire, du goût fans bizarrerie, du génie fans s'en douter; des jeunes gens qui étudient au rifque de n'avoir pas tout appris au bout de quelques mois ; des journalistes qui lisent les ouvrages qu'ils jugent, qui censurent ou louent d'après l'équité, & non d'après telle cabale, qui distinguent la critique du libelle, & le ton déclamatoire de la force de raisonnement ; qui, n'ayant ni haine, ni envie, encouragent les auteurs dont les productions, quelque forme qu'elles prennent, tendent au maintien des vrais principes ; des philosophes qui ne se nomment pas eux-mêmes ainsi, & qui, laissant les fonctions du ministère aux ministres, s'occupent à exciter dans tous les cœurs sensibles l'amour de Dieu, du prochain, de la patrie & du roi.

Ajoutons, pour l'acquit de notre conscience, qu'il y a des dames de tout rang, décentes & belles, en qui les mœurs & la raison fine & délicate forment le plus attrayant de tous les charmes ; qui *pensent* sans affectation, plaisent sans agaceries, s'instruisent sans ostentation, rient avec pudeur, badinent sans persifflage, élèvent leurs enfans, & sont heureuses du bonheur de leur mari. Il y a aussi de bonnes ames, tendrement avides des bénédictions de l'indigent soulagé, & des délices de la vertu cachée, qui, dédaignant la gloriole éphémère des journaux & de la bienfaisance bannale, donnent à la fois au malheureux de l'or, des consolations, des signes d'estime, un exemple édifiant, des vertus & le bonheur d'aimer. Il y a des magistrats & des militaires qui rendent à leur état la dignité qu'ils en reçoivent ; des riches, des grands, des princes, qui justifient les respects des citoyens honnêtes, à qui *la prétendue bonne compagnie*, comme ils disent, fait pitié ou plutôt horreur, & qui sont persuadés que ce seroit venger les mœurs & le sens-commun, que de livrer au ridicule, en évitant toute personnalité, la morgue insolente, & les paradoxes séditieux ou corrupteurs de ces brouillons ignorans qui ne parlent que de leur génie, & le cailletage de leurs prôneuses, &c. &c.

A eux permis. La discussion de tous ces faits incontestables est étrangère à notre sujet. Après avoir loué l'impertinence le plus philosophiquement qu'il nous a été possible, nous n'appréhendons pas d'en affoiblir l'éloge par ces restrictions peu nombreuses, & qui prouveront seulement que nous sommes de bonne foi. Mettre parmi ses mérites les brillantes espérances qu'elle donne, c'étoit-il donc annoncer qu'elle qu'elle n'avoit plus de progrès à faire ? Pour peindre dans toute sa beauté un impétueux torrent, faut-il attendre qu'il ait submergé les derniers sommets des plus hautes montagnes?

Bénévole & judicieux lecteur, nous croyons vous avoir fourni de puissans motifs d'admirer l'impertinence autant que vous le devez, d'assez justes mesures pour l'apprécier ce qu'elle vaut. Notre tâche est remplie, si vous avez rempli la vôtre, celle de remonter aux intentions. *Ride si sapis.* MARTIAL. *Ep. 41.*

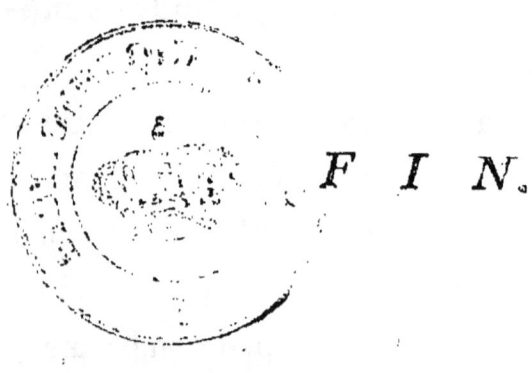

F I N.

TABLE DES CHAPITRES.

Avertissement *du Libraire.*		page v
Préface *historique des Editeurs.*		vij
Introduction.		xix
Chap. I.	*L'Impertinence justifiée.*	1
Chap. II.	*Qu'est-ce que l'Impertinence ?*	12
Chap. III.	*Antiquité de l'Impertinence.*	22
Chap. IV.	*Anecdote de quelques siècles.*	32
Chap. V.	*Réflexions & rapprochemens.*	35
Chap. VI.	*Autre Anecdote sans indiscrétion.*	40
Chap. VII.	*Grand secret de la cour de Perse.*	44
Chap. VIII.	*Application très-honorable.*	46
Chap. IX.	*Monumens syriens.*	50
Chap. X.	*Béel-Peor.*	52
Chap. XI.	*Philosophes de tous les temps.*	55
Chap. XII.	*Supériorité des modernes.*	62

TABLE.

Chap. XIII.	Hommes & Peuples.	69
Chap. XIV.	Docteurs Japonois.	74
Chap. XV.	Docteurs Iroquois.	75
Chap. XVI.	Il y en a bien d'autres.	83
Chap. XVII.	Universalité des bons principes.	86
Chap. XVIII.	Causes actuelles.	93
Chap. XIX.	Inutilité de l'Attention.	96
Chap. XX.	Ignorance volontaire.	100
Chap. XXI.	Mobilité continuelle.	105
Chap. XXII.	Sucs nerveux & fibres.	112
Chap. XXIII.	Déterminations accidentelles.	119
Chap. XXIV.	Fabrique d'esprit.	131
Chap. XXV.	Lectures fugitives & morcelées.	137
Chap. XXVI.	Ouvrages qu'on lit.	142
Chap. XXVII.	Empire des Dames.	148
Chap. XXVIII.	Oreilles chatouilleuses.	154
Chap. XXIX.	Exemples & contrastes.	160
Chap. XXX.	Affiche de richesse.	165
Chap. XXXI.	Bénéfice de l'ennui.	170
Chap. XXXII.	Progrès du bourgeois.	174

Chap. XXXIII.	Principes moraux.	179
Chap. XXXIV.	Avantages inestimables.	187
Chap. XXXV.	Objets du bon goût.	191
Chap. XXXVI.	Célébrité calculée.	200
Chap. XXXVII.	Littérature philosophique.	206
Chap. XXXVIII.	Profit des deux sexes.	212
Chap. XXXIX.	Sciences civiles.	221
Chap. XL.	Raison. Vertu. Conclusion.	229

Fin de la Table.

www.ingramcontent.com/pod-product-compliance
Lightning Source LLC
Chambersburg PA
CBHW050645170426
43200CB00008B/1166